斜晖脉脉水悠悠

中国著名河流湖海

《中国大百科全书》青少年拓展阅读版编委会　编

中国大百科全书出版社

图书在版编目（CIP）数据

斜晖脉脉水悠悠·中国著名河流湖海 /《中国大百科全书》青少年拓展阅读版编委会编 . —北京：中国大百科全书出版社，2019.9
（中国大百科全书：青少年拓展阅读版）
ISBN 978-7-5202-0604-4

Ⅰ.①斜… Ⅱ.①中… Ⅲ.①河流—中国—青少年读物②湖泊—中国—青少年读物 Ⅳ.① K928.4-49

中国版本图书馆 CIP 数据核字（2019）第 215497 号

出 版 人	刘国辉	
策划编辑	李默耘　程　园	
责任编辑	李默耘	
责任印制	李宝丰	
出版发行	中国大百科全书出版社	
地　　址	北京阜成门北大街 17 号	
邮　　编	100037	
网　　址	http://www.ecph.com.cn	
电　　话	010-88390739	
印　　刷	阳谷毕升印务有限公司	
开　　本	710 毫米 ×1000 毫米　1/16	
字　　数	84 千字	
印　　张	7	
版　　次	2019 年 9 月第 1 版	
印　　次	2023 年 1 月第 2 次印刷	
定　　价	32.00 元	

本书如有印装质量问题，请与出版社联系调换

序

百科全书（encyclopedia）是概要介绍人类一切门类知识或某一门类知识的工具书。现代百科全书的编纂是西方启蒙运动的先声，但百科全书的现代定义实际上源自人类文明的早期发展方式：注重知识的分类归纳和扩展积累。对知识的分类归纳关乎人类如何认识所处身的世界，所谓"辨其品类""命之以名"，正是人类对日月星辰、草木鸟兽等万事万象基于自我理解的创造性认识，人类从而建立起对应于物质世界的意识世界。而对知识的扩展积累，则体现出在社会的不断发展中人类主体对信息广博性的不竭追求，以及现代科学观念对知识更为深入的秩序性建构。这种广博系统的知识体系，是一个国家和一个时代科学文化高度发展的标志。

中国古代类书众多，但现代意义上的百科全书事业开创于1978年，中国大百科全书出版社的成立即肇基于此。百科社在党中央、国务院的高度重视和支持下，于1993年出版了《中国大百科全书》（第一版）（74卷），这是中国第一套按学科分卷的大百科全书，结束了中国没有自己的百科全书的历史；2009年又推出了《中国大百科全书》（第二版）（32卷），这是中国第一部采用汉语拼音为序、与国际惯例接轨的现代综合性百科全书。两版百科全书用时三十年，先后共有三万多名各学科各领域最具代表性的专家学者参与其中。目前，中国大百科全书出版社继续致力于《中国大百科全书》（第三版）这一数字化时代新型百科全书的编纂工作，努力构建基于信息化技术和互联网，进行知识生产、分发和传播的国家大型公共知识服务平台。

从图书纸质媒介到公共知识平台，这一介质与观念的变化折射出知识在当代的流动性、开放性、分享性，而努力为普通人提供整全清晰的知识脉络和日常应用的资料检索之需，正愈加成为传统百科全书走出图书馆、服务不同层级阅读人群的现实要求与自我期待。

《〈中国大百科全书〉青少年拓展阅读版》正是在这样的期待中应运而生的。本套丛书依据《中国大百科全书》（第一版）及《中国大百科全书》（第二版）内容编选，在强调知识内容权威准确的同时力图实现服务的分众化，为青少年拓展阅读提供一套真正的校园版百科全书。丛书首先参照学校教育中的学科划分确定知识领域，然后在各类知识领域中梳理不同知识脉络作为分册依据，使各册的条目更紧密地结合学校

课程与考纲的设置，并侧重编选对于青少年来说更为基础性和实用性的条目。同时，在条目中插入便于理解的图片资料，增加阅读的丰富性与趣味性；封面装帧也尽量避免传统百科全书"高大上"的严肃面孔，设计更为青少年所喜爱的阅读风格，为百科知识向未来新人的分享与传递创造更多的条件。

百科全书是蔚为壮观、意义深远的国家知识工程，其不仅要体现当代中国学术积累的厚度与知识创新的前沿，更要做好为未来中国培育人才、启迪智慧、普及科学、传承文化、弘扬精神的工作。《〈中国大百科全书〉青少年拓展阅读版》愿做从百科全书大海中取水育苗的"知识搬运工"，为中国少年睿智卓识的迸发尽心竭力。

本书编委会
2019 年 9 月

目 录

斜晖脉脉水悠悠·中国著名河流湖海

长 江

中国第一大河，世界第三大河。年平均入海水量达9755亿立方米，居世界第三位。发源于青藏高原唐古拉山主峰各拉丹冬雪山的西南侧。干流流经青海省、西藏自治区、四川省、云南省、重庆市、湖北省、湖南省、江西省、安徽省、江苏省、上海市11个省（直辖市、自治区），在上海市注入东海。全长约6300千米。流域介于北纬24°30′～35°45′，东经90°33′～122°25′，流域面积180多万平方千米（不包括淮河流域）。流域内高原、山地占65.6%，丘陵占24%，平原、低地占10.4%。中国大部分的淡水湖分布在长江中下游地区，面积较大的有鄱阳湖、洞庭湖、太湖和巢湖。

干流概况 长江干流各段名称不一：源头至当曲口（藏语称河为"曲"）称沱沱河，为长江正源，长358千米；当曲口至青海省玉树县境的巴塘河口，称通天河，长813千米；巴塘河口至四川省宜宾岷江口，称金沙江，长2308千米；宜宾岷江口至长江入海口，约2800千米，通称长江，其中宜宾至湖北省宜昌间称"川江"（奉节至宜昌间的三峡河段又有"峡江"之称），湖北省枝城至湖南省城陵矶间称荆江，江苏省扬州、镇江以下又称扬子江。

长江支流流域面积超过1万平方千米的有48条；5万平方千米以上的有雅砻江、岷江、岷江支流大渡河、嘉陵江、乌江、沅江、湘江、汉江和赣江等9条。其中雅砻江、岷江、嘉陵江和汉江超过10万平方千米，以嘉陵江流域面积最大，约16万平方千米。

上游 沱沱河由南而北出唐古拉山，至切苏美曲口，长48千米，平均比降大于10.8‰。北流穿过祖尔肯乌拉山，接纳江塔曲，折向东，至囊极巴陇附近汇入当曲，进入通天河段。沱沱河与通天河上段（登艾龙曲口以上）河道宽展，多沙洲，水流散乱呈辫状，河流两岸山丘平缓，高原面保存完整，自切苏美曲口至登艾龙曲口，长805千米，平均比降1.27‰。其间较大支流有当曲、莫曲、楚玛尔河等。

通天河自登艾龙曲口以下，河道较顺直，河槽渐趋稳定、水流比降增大，两岸山势增高。谷底海拔由通天河上段的4000余米，下降到3000余米。玉树巴塘河口以下称金沙江，流向转南，成为四川省、西藏自治区间的界河。金沙江进入横断山脉区，为典型的高山深谷地貌。金沙江南流至云南省石鼓折向东北，进入虎跳峡，峡长16千米，落差达200米，平均比降12‰以上，最窄处河宽仅30米，右岸玉龙雪山，左岸哈巴雪山，峰顶海拔均超出5000米，谷深达3000米以上。金沙江至三江口又折向南，至云南省金江街以下

长江源头——各拉丹冬雪山

又折转东流，此段介于四川省、云南省间的河谷虽较宽，但仍为岭谷之间高差达千米左右的深谷。自通天河登艾龙曲口至四川盆地边缘的新市镇，长2522千米，平均比降1.47‰。金沙江段的主要支流有雅砻江、龙川江、普渡河、牛栏江、横江等。左岸雅砻江水系庞大，右岸支流较短小，极不对称。

从宜宾至奉节，长江蜿蜒于四川盆地南缘，穿越一系列褶皱山岭，河谷宽窄相间，沿江阶地发育。长江北岸有岷江、沱江、嘉陵江等大支流；南岸除乌江、赤水河外，支流均较短小。形成川江的不对称水系。自新市镇至奉节927千米的丘陵河段，平均比降为0.24‰。

自奉节白帝城至宜昌南津关，长江流经三峡，江水横穿背斜山地，形成了白帝城与黛溪间的瞿塘峡、巫山与巴东官渡口间的巫峡、香溪与南津关间的西陵峡，故称三峡。这一河段滩峡相间，迂回曲折。最大割切深度可达1500米，

三峡江面最窄处仅宽100余米，暗礁、险滩密布，水流湍急，航行障碍重重。宜昌站年平均径流量4530亿立方米（100年平均），几乎占长江总水量的一半。三峡河段水能蕴藏非常丰富，开发条件优越。自奉节至宜昌市209千米河段，平均比降为0.18‰。

中游 江水出三峡后，进入中游，在宜都纳清江。枝城以下河段，两岸原野坦荡，分属江汉平原和洞庭湖平原。平原上水道纵横，堤圩交错。南岸有松滋、太平、藕池、调弦四口与洞庭湖相通。藕池口以上的上荆江河段属一般性弯曲河道，水流分歧，汊河发育，河道外形较稳定。藕池口至城陵矶的下荆江河段长160余千米，直线距离仅80千米，河道蜿蜒曲折，素有"九曲回肠"之称，河道外形变化无定。

长江在城陵矶接纳洞庭湖水系（主要有湘江、资水、沅江、澧水四水）的来水后，至湖北省武汉市，有汉江汇入。在湖北省黄石与

武穴间，两岸山峦逼近，河谷较窄，形成约束江流的卡口。至江西省湖口汇合鄱阳湖水系（主要有赣江、抚河、信江、鄱江、修水）的来水，进入下游河段。

下游　湖口以下，长江河谷愈加宽广。江水在皖南丘陵和皖中丘陵、巢湖平原之间奔流，右岸常有基岩逼临江边，形成矶头，使河床变窄，超过矶头，河床又复展宽，心滩出露，水流分汊，形成宽窄相间、时束时放的藕节状河床。大通以下开始受海潮影响，水势和缓。此段主要支流有：青弋江、水阳江、滁河、秦淮河等。淮河水量的80%～90%也经京杭运河汇入长江。自宜昌至江苏省镇江间的1461千米平原河段，平均比降0.026‰。

镇江至长江口，长约312千米，流经长江三角洲，平均比降0.005‰。其中江阴以下称河口段。江阴附近江面束窄，仅宽1200余米，向东至长江口宽达91千米，呈喇叭状。长江每年挟带入海的约

位于云南的"长江第一弯"

4.68 亿吨泥沙，在长江口至杭州湾一带落淤，形成许多暗沙和沙洲。三角洲自全新世以来年平均向海推进约 40 米，长江在江口附近接纳支流黄浦江。

气候与水文　长江流域大部分地区为亚热带季风气候。长江水量非常丰富，大通站多年平均年径量 9334 亿立方米，大通以下两岸支流和淮河大部分水量汇入后，入海总水量 9755 亿立方米。长江水量主要来自上、中游，宜昌以上来水量占大通站的 49%，汉口站来水量占 79%。径流中雨水补给约占全年径流量的 75%～80%，地下水约占 20%～25%，还有少量冰雪融水补给。汛期（4—10 月）水量占全年水量 80% 左右，枯季（11 月至翌年 3 月）仅占 20% 左右。汛期的出现时间随雨带由东南向西北推移：支流鄱阳湖水系和湘江为 4—6 月；资水、沅江、澧水为 6—7 月；上游各支流为 7—8 月；汉江为 7—9 月。干流的洪水取决于支流来洪时间的早晚，一般多出现在 6—9 月，并以 7、8 两月机遇较多。干流洪水峰高、量大、持续时间长，支流则多陡涨陡落，历时较短。一般年份，长江中下游南岸支流在 5—6 月达到高峰，宜昌以上及汉江 7、8 月来水最多，不致形成过大洪峰。但有些年份，上、中游雨季出现相互遭遇的情况，则往往酿成特大洪水。洞庭湖、鄱阳湖两大天然湖泊对削减洪峰，减轻洪水对长江中下游的威胁，颇为有利。

造成长江成灾的洪水，一类是流域性暴雨形成，如 1788、1849、1931、1954、1998 等年份；另一类是上、中游局部地区或支流发生连续而集中的特大暴雨所形成，如 1860、1870、1896、1935 等年份。19 世纪 70 年代以来，宜昌站洪峰流量超过荆江河段安全泄量 6 万米^3/ 秒的就有 23 年，1870 年特大洪水宜昌站洪峰流量曾高达 10.5 万米^3/ 秒。长江干流年径流量多年比较稳定，变差系数为 0.12～0.14，并具有连续丰水和枯水年交替循环现象，以汉口站为例，连续枯水年平均约为

14 年，连续丰水年平均约为 11 年。

长江含沙量较小，宜昌站多年平均 1.18 千克 / 米³，大通站 0.51 千克 / 米³；金沙江含沙量较大，屏山站为 1.63 千克 / 米³。但年输沙量仍较大，如宜昌站为 5.14 亿吨，汉口站为 4.3 亿吨，大通站为 4.68 亿吨。侵蚀模数，屏山站为 502 吨 / 米²，宜昌站为 512 吨 / 米²，大通站为 289 吨 / 米²。宜昌至汉口为长江主要的泥沙沉积河段。长江支流中以嘉陵江和汉江水土流失较严重，侵蚀模数分别高达 1070 吨 / 米²（北碚站，1944—1972）和 929 吨 / 米²（碾盘山站，丹江口水库建库前的 1937—1967 年）。

长江三峡水利工程

经济概况 长江流域水力资源丰富，理论蕴藏量2.68亿千瓦，可能开发利用的水电装机容量约1.97亿千瓦，年发电量1万亿千瓦·时，占全国可开发水能资源的53.4%。长江上游水能资源最为集中，约占全流域的86.3%。

长江是中国最重要的内河航运大动脉，干支流通航里程7万多千米（其中通航机动船里程3万千米），占全国内河通航里程的70%。年货运量约2.5亿吨，年货运周转量约600亿吨·千米，分别占全国内河水运总量的78%和85%。长江干流自四川省新市镇以下2900余千米可全年通航轮船。重庆—宜昌段可通航1500吨级船舶，宜昌—汉口段可通航3000吨级船舶，汉口—南京段可通航5000吨级船舶，南京—吴淞口可通航万吨级海轮。

长江流域约有人口4.21亿；耕地2340万公顷，占全国耕地面积24.5%；粮食产量占全国37%以上，棉花产量占全国1/3以上；全流域有淡水鱼类约280种，淡水鱼产量占全国60%以上。木材蓄积量约占全国1/3，矿产资源丰富。工业总产值约占全国40%。长江干支流沿岸特大城市有上海、武汉、重庆、南京、成都、昆明等。

长江中下游平原地势低洼，汛期江水高出地面，内部渍水不能外泄，且正值多雨季节，极易渍涝成灾。全流域近470万公顷易涝耕地中，90%集中分布于此，以洞庭湖区、江汉平原和太湖地区最为严重，1949年前一般年份有76.67万公顷耕地受渍，往往先涝后洪，灾害深重。

长江流域旱灾时有发生。1949年前，长江中下游受灾（减产30%以上者）年平均约有173.3万公顷。1934年大旱，中下游受灾农田近667万公顷，绝大部分减产80%左右。长江上游的丘陵、山区旱灾也常发生。

改造与开发利用 中华人民共和国建立后，设立了流域规划机构，制定了流域综合利用规划，流域各地开展了大规模的水利建设。

防洪 在防洪方面，整修堤防；修建分洪、蓄洪工程；结合兴利，修建干支流水库。经多年建设，沿江两岸3100多千米干堤和3万千米支堤和海塘普遍加高培固，特别是1998年大洪水后，沿江重要堤防高程绝大部分已超过1954年特大洪水位，荆江分洪工程、汉江下游杜家台分洪工程，以及洞庭湖、洪湖、武汉附近地区、鄱阳湖等退田还湖工程的兴建，使分蓄洪总面积大大增加。

灌溉 在灌溉排涝方面，修筑塘坝570多万处，建成了许多蓄、引、提相结合的灌溉系统，其中6万公顷以上大型灌区已有15处，都江堰灌区由1949年以前的20万公顷，扩大至53.3万公顷。中下游平原圩区在并港建闸，疏浚河道，联圩并垸，缩短防洪堤线，改善排水出路等方面，完成土石方工程量200亿立方米以上，建设了大批机电排灌站和排水涵闸。1989年全流域有效灌溉面积已达1470万公顷，占耕地面积的63%。达到3～5年及5年以上排涝标准的耕地已有390万公顷，占原有易涝面积的80%以上。

发电 在发电方面，至1990年底，已建1万千瓦以上的水电站98余座，设计总装机容量1850.5万千瓦，年发电量867亿千瓦·时。其中有湖北宜昌葛洲坝水利枢纽、汉江丹江口水利枢纽、四川大渡河龚嘴水电站、四川雅砻江二滩、湖北清江隔河岩和湖南沅江五强溪等水电站。此外，装机容量25万千瓦以上的水电站还有：安康（汉江）、乌江渡和东风（乌江）、柘溪（资水）、东江（湘江耒水）、万安（赣江）、凤滩（沅江酉水）、碧口和宝珠寺（嘉陵江白龙江）、以礼河梯级（金沙江以礼河）等。三峡水利枢纽是世界上最大的水利枢纽，总库容235亿立方米，装机容量1768万千瓦，年发电量840亿千瓦·时；除发电外对长江的防洪特别是荆江的防洪能力可从十年一遇提高到百年一遇。

航运 　重庆至湖南临湘的航道尺度已由未整治前的保证水深 2.1～2.4 米，提高到 2.9 米，常年可行驶 1500 吨级轮船，中洪水期可通行载重 2500～3000 吨级的船队。长江干支流上已修建 359 座大小船闸，已建升船机 30 座。三峡工程建成后，航运大大改善，万吨级船队可从上海直达重庆。

南水北调 　正在逐步实施经运河引长江水北上的南水北调东线、中线和西线工程，东线从江都抽水，黄河以南大体沿京杭运河，在位山附近过黄河后至天津，全长 646 千米；中线近期引汉，远景引江、供水至黄淮海平原西部地区（包括北京市），全长 1236 千米；西线从通天河、大渡河、雅砻江等引水至黄河上游。3 条引水线行经地区不一，供水目的和范围也各异，相互不能替代。

川 江

中国宜宾至宜昌间的长江上游河段。又称蜀江。旧因大部分流经四川省境内，故名。川江在奉节到宜昌段以峡谷栉比而闻名，故又有峡江之称。江津附近河道呈"几"字形，亦称几江。全长1030千米。多年平均年径流量4530亿立方米（宜昌站）。川江大小支流达80多条，南北水系极不对称，北岸多而长，南岸少而短。各河流由四周向川江汇聚，呈典型向心状水系，故易引起洪水顶托，发生水灾。主要支流有岷江、沱江、嘉陵江、乌江、赤水河、綦江等。川江河道宽窄相间，并以多峡谷和险滩著名。峡谷有猫儿峡、铜锣峡、明月峡及长江三峡等。川江天然落差198米，干流水力资源达2467万千瓦。

川江放鸭

川江有历史枯水题刻 11 处，以江津莲花石、重庆灵石、涪陵白鹤梁、云阳龙脊石、奉节瀼沱记水碑最为重要。川江有鱼类 127 种，其中中华鲟为中国著名特产。川江江宽、水深，平均比降 0.24‰，是四川盆地内骨干航运线。三峡水利枢纽建成后，可改善川江航道 600 千米，运力从 1000 万吨级提高到 5000 万吨级。万吨级船队可直接从上海到达重庆，降低运输成本 37%。

荆 江

中国长江从湖北省枝城至湖南省城陵矶的河段。长约 420 千米。因流经古荆州地区，故称荆江。荆江迂回东流于江汉平原与洞庭湖平原之间，以藕池口为界又分为上荆江与下荆江两段。上荆江长 180 千

米，以弯曲性和周期性展宽为特征，河床曲折率为 1.7 左右，属一般性弯曲型河道。河道江心洲众多，18 个江心洲中，有 16 个分布在上荆江。上荆江还具分汊型河床特色。下荆江长 240 千米，两端直距仅 80 千米，河床曲折率约为 3，以自然裁弯取直为特征，仅百年来就发生自然裁弯十余次，属典型蜿蜒型河道，有"九曲回肠"之称。下荆江两岸牛轭湖星罗棋布，如尺八口、月亮湖、沙滩子、大公湖、西湖等。其中尺八口牛轭湖长达 21 千米，宽 1 千米，1910 年自然裁弯前河曲颈仅 500 米，裁弯后上下口门淤塞成湖。

长江洪水约有一半来自宜昌以上。19 世纪以来，从宜昌泻下的洪水超过 6 万米³/秒的就达 22 次，1870 年曾出现 10.5 万米³/秒的特大洪水，而荆江河槽加上分流到洞庭湖的水流在内，仅能安全通过 5 万～6 万米³/秒，洪水来量与河槽泄量不相适应，多次酿成洪灾。又因长江从上游挟带大量泥沙，在

平缓、弯曲的荆江沉积，使河床淤高，水流宣泄不畅，加剧了洪水威胁。明嘉靖年间北岸荆江大堤联成整体，以后堤身不断加高，成为规模宏大的荆江大堤，保障了江汉平原的安全。但有的堤顶高出地面12～16米，形成水高田低的危险局面。同时由于明代以来推行"舍南救北"的治水方针，荆江洪水向南分流，南岸地面逐年淤高，高出北岸地面5～7米，更威胁北岸荆江大堤。荆江南岸原有4口分泄长江洪水入洞庭湖，对减轻荆江防洪压力有重要作用。调弦口于1958年堵死，其余3口因泥沙淤积，分流量也不断减少，加之围湖造田，使荆江分泄洪水的能力日趋减小。20世纪50年代始对荆江进行整治。1952年在南岸公安县境兴建荆江分洪工程，1967年和1969年又先后对中洲子和上车湾实施裁弯取直，扩大了荆江泄洪量，降低了洪水位，加上六合垸自然裁弯，共缩短荆江航运里程78千米，同时改善了两岸农田的防洪排涝条件。1975

年以来，又加固了荆江大堤的险恶堤段，使荆江大堤抗御洪水的能力有所增强。经1998年特大洪水考验，荆江大堤安然无恙。1999年又对大堤进行了全面的整修和加固。

雅鲁藏布江

中国西藏自治区最大河流。属印度洋水系。发源于西藏西南部喜马拉雅山脉北麓的杰马央宗冰川。雅鲁藏布江自西向东横贯西藏南部，流经米林后折向北东，之后又急转南流，于巴昔卡出境流入印度后，称布拉马普特拉河，又流经孟加拉国与恒河相汇，最后由孟加拉湾注入印度洋。

流域平均海拔 4000 米以上，流域呈东西向狭长形。中国境内流域面积 24.048 万平方千米；河长 2057 千米；多年平均年径流量 1500 亿立方米，居全国第 4 位。水能资源极为丰富，全流域水能蕴藏量超过 1.1 亿千瓦，约占全国的 1/6；其中干流水能蕴藏量近 0.8 亿千瓦，居全国第 2 位。以单位河长

雅鲁藏布江片段江面景观

或单位流域面积的水能蕴藏量计算，则为中国各大河流之首。

干流概况　雅鲁藏布江源头海拔约 5590 米，总落差达 5400 余米，全河平均比降为 2.6‰，是中国比降最大的大河。河源至里孜为上游段，长 268 千米，平均比降 4.5‰。上游河谷宽阔而较平坦，多湖泊分布。雅鲁藏布江的正源杰马央宗曲源于杰马央宗冰川。流经桑木张附近，支流库比藏布汇入后改称当却藏布（即马泉河）。里孜以下称雅鲁藏布江。里孜至派区为中游段，长 1293 千米，平均比降 1.2‰。中游以宽谷为主，宽窄相间的串珠状河谷特征。派区以下至流出国境处为下游段，长 496 千米，平均比降为 5.5‰。其中，派区—墨脱约 212 千米河段的平均比降高达 10.3‰。雅鲁藏布江在该段形成马蹄形大拐弯，在河道拐弯的顶部内外两侧，各有海拔超过 7000 米的南迦巴瓦峰与加拉白垒峰遥相对峙，形成高山峡谷地带。山高谷深，河道迂回

雅鲁藏布江上的米林大桥

曲折。

支流众多，其中集水面积大于 2000 平方千米的有 14 条，大于 1 万平方千米的有多雄藏布、年楚河、拉萨河、尼洋曲、帕隆藏布等。其中拉萨河最长、流域面积最大；帕隆藏布年径流量最大。

气候与水文　雅鲁藏布江流域下游地区高温多雨，巴昔卡附近平均年降水量超过 4000 毫米，个别地区可达 5000 毫米以上，是中国陆地年降水量最大的地区之一。溯河而上，降水逐渐减少。广大中游地区属高原温带气候，年降水量多在 300 ～ 600 毫米，上游地区谷地年降水量不足 300 毫米。全流域降水的年际变化小，而年内分配很不均匀，7—9 月份的降水量集中了全年的 50% ～ 80%。最高月平均气温多出现在 6 月，下游地区则多出现在 7 月；最低月平均气温往往出现在 1 月。

雅鲁藏布江流域巴昔卡一带的多年平均年径流深可达 3000 毫米以上，上游地区则不足 100 毫米。

径流的年际间变化小，年内分配不均匀。降水多的月份，其冰雪融水补给河流的水量也大。此外，该流域还具有枯水期水量较大而较稳定、悬移质泥沙含量少、下游地区推移质严重，以及河水温度低、河水矿化度小、总硬度低等特点。

经济概况　雅鲁藏布江有丰富的水量和丰沛的水能资源，水能资源开发条件好。如干流中游河段可兴建多座水利水电枢纽，水电站装机容量可达几十万至 100 万千瓦，并可发挥灌溉等综合效益。干流下游大拐弯段，派乡至墨脱河段落差集中达 2000 余米，如开凿派乡至墨脱约 40 千米长的引水隧洞后，可引用近 2000 米^3/ 秒的流量，兴建装机容量可达 4000 万千瓦的巨型水电站。雅鲁藏布江中小支流和支沟上已兴建多座用于灌溉或发电的水利、水电工程。

在雅鲁藏布江干流中游段的拉孜—大竹卡、约居—泽当等河段有通航条件。

雅鲁藏布江流域面积仅占西藏

总面积的 1/5，但流域内的人口、耕地面积、工农牧业总产值却均占全西藏的一半以上。拉萨、日喀则、泽当、江孜及林芝等城镇均坐落于流域范围内。雅鲁藏布江流域为西藏政治、经济、文化的中心地带。流域内矿产资源主要有铬、铁、铜、铅、硼等。

怒 江

中国重要的南北向河流。流域位于西藏自治区东部，云南省西缘。怒江由中国流入缅甸后称萨尔温江，最后在毛淡棉注入印度洋的安达曼海。总长 2103 千米，流域面积 14.27 万平方千米。源出唐古拉山的吉热格柏。在嘉玉桥以上为上游，山势起伏较缓，河谷平浅。嘉玉桥以下至泸水为中游，两岸山脊多在海拔 5000 米左右，谷底海拔 2000～3000 米。河床坡度陡，支流属羽状水系。怒江深切流经高黎贡山、碧罗雪山、怒山等，形成世界著名的巨大峡谷区。泸水以下为下游，沿河山脉高程降低，水面宽，河谷深度为 500～1000 米，两岸有阶地分布。以下河流又进入峡谷地带，惠通桥附近谷地已较开敞，到曼辛河口流出中国国境。

怒江流域径流深，下游地区在 500 毫米以上，最多的无量山区可达 800 毫米。中游一般为 400～600 毫米，上游只有 150～400 毫米。上游流域面积虽占总面积的一半以上，但河川径流量不及全河的 45%。河川径流的补给来源，上游以地下水补给为主，约占年径流量的 60% 以上；中游段雨水补给占重要地位；下游雨水补给 60% 左右。

怒江上游占流域总面积的 50% 以上，多年平均年径流量 244.4 亿立方米。中游地区流域面积增加不大，但地表径流较丰富，至道街坝

怒江第一弯

站达 524.13 亿立方米。以下到国境处多年平均年径流量约 569.2 亿立方米。干流的径流年际变化较小，道街坝站年径流变差系数为 0.12，历年最大流量与最小流量极值之比为 27 左右。河川径流年内变化各河段情况不同。上游冬季径流量仅占年径流量的 5% 左右，春季约占 10%，夏季可占 60% 左右，秋季可占 25%。下游地区河川径流集中于夏、秋季，而冬、春季少，但集中程度不及上游。怒江洪峰流量值不大。据道街坝站的资料，多年平均最大流量为 6170 米^3/秒，变差系数仅为 0.18，是全国各大河中最小者。一般最大流量出现在 7—8 月，最小流量多出现在 1—2 月。下游最大流量在 7—10 月都可能出现，而最小流量则多出现在 4—5 月。怒江含沙量较小，道街坝站多年平均值仅 0.43 千克/米^3，是西南诸河中的最低值。干流年径流量丰沛，落差大，河道平均比降为 2.4‰，水力资源较丰，干流的水力蕴藏量约为 4600 万千瓦。怒江几无通航之利。怒江流域矿产资源有铜、铁、铅、锡及煤、汞、水晶、硫磺、石墨、云母等。流域内有怒、傈僳、独龙、德昂、彝、藏、景颇、傣等 10 多个少数民族。

金沙江

中国长江上游宜宾以上河段，属典型峡谷河流。古称绳水、淹水、泸水。因产沙金得名。长江上源沱沱河长 358 千米；下接通天河，长 813 千米；至玉树巴塘河口以下，始称金沙江，穿行于四川省、西藏自治区、云南省之间，其间有最大支流雅砻江汇入，至宜宾以下称长江。金沙江干流长 2308 千米，金沙江区段流域面积 34.2 万平方千米。支流众多，主要有无量河、雅砻江、普渡河、牛拦江、横江等。金沙江水量变化大，7—9 月水量占全年 50% ～ 60%，洪枯水位比值 19 ～ 30 倍。从石渠到金江街 1174 千米范围内峡谷连绵，金江街以下仍以峡谷为主。云南境内的虎跳峡长 16 千米，河宽仅 60 ～ 80 米，岭谷高差达 3000 多米，落差约 200 米，为世界深峡之一。宽谷仅见于龙街、蒙姑和巧家等河段。金沙江还以滩多湾急著称，仅新市镇到金江街 1000 余米河段，就有较大险滩 400 多处。干流落差 3300 米，最大流速 7 米 / 秒以上，干支流水力蕴藏量 10 918 万千瓦，约占长江的 40%，可开发利用的水电装机容量 8700 余万千瓦，年发电量 4943 亿千瓦·时，占长江的 48%，是中国水力资源最丰富的河流之一。溪罗渡、白鹤滩、二滩、虎跳峡和向家坝等均属特大型水电站坝址。流域为四川省有色金属、稀有金属主产区。森林资源丰富。在北纬 28° 以南地区，金沙江河谷深切，地形闭塞，全年长夏无冬，自然

金沙江大峡谷

景观别具一格，为中国南亚热带的一块"飞地"。

澜沧江

中国横断山脉区河流，中国最长的南北向河流和水电重点开发河流。流域位于青海省东南部、西藏自治区东部和云南省西部。流出国境后称湄公河，在越南胡志明市以南入海。

澜沧江源于青藏高原，上源有二：东源扎曲，西源昂曲，都出自唐古拉山在青海省境内的岗果日山。二曲至昌都汇流后称澜沧江。以扎曲为正源。从源头至昌都，干流长564千米。出青海省后河槽深切，河道平均比降3.3‰。以昌都至功果桥，河长821千米，是典型的"V"形河谷。功果桥至景云桥河长213千米，虽然仍为"V"形河谷，但平均比降已降为1.5‰。景云桥至南阿河口495千米，河谷已宽达800～1200米，以下为中缅界河。至南腊河口随即流出中国国境。

澜沧江总长2345千米，流域面积16.5万平方千米，河床落差较大，约4600米，平均比降2.2‰。按多年平均流量估算，澜沧江蕴蓄水力3656万千瓦，已建水电站有漫滩电站（150万千瓦）、大朝山电站（135万千瓦）、小湾电站（420万千瓦）。

澜沧江是以雨水补给为主，并有地下水和高山冰雪融水补给的河流。上游段高山冰雪融水虽占有一定的比重，但地下水补给一般可占年径流量的50%左右；中游段雨水补给逐渐增大，地下水和融水补给相应减少；下游段雨水补给已占年径流量的60%以上。澜沧江流域上游年径流深200毫米；中游400～700毫米；河谷内减至200～400毫米。澜沧江河川径流量主要来自下游地区。据上

澜沧江河谷

游昌都站记录多年平均年径流量151.9亿立方米。中游戛旧站平均年径流量399.2亿立方米。下游大支流汇入较多，到允景洪站增加到平均年径流量566.1亿立方米。澜沧江干流的年径流变差系数值为0.15～0.23。澜沧江上中游高原和高山地带河川径流，冬季一般不到全年径流量的10%，春季可占10%以上，夏季可占50%左右，秋季径流量仍可占全年的30%左右。最大流量一般出现在7、8月，最小流量多发生在1、2月。上游地区流量过程线呈单峰型。下游7—10月都有可能出现最大流量，其中以8月为最多，洪峰呈锯齿状；最小流量多出现在4、5月，尤以5月最多。干流各站最大流量与多年平均流量之比仅4～11倍。一般年份无洪水灾害。在特大洪水年份，下游允景洪、橄榄坝方受洪水威胁。

澜沧江河道原先除西双版纳傣族自治州境内一段有定期客货轮通航外，几无航行之利。现经过整治，通往湄公河试航已获成功。下游有坝子和湖泊分布，利于农业发展，尤其西双版纳地区，不仅水稻一年三熟，且为中国动植物资源最丰富地区，有经济价值的植物达1000种，特有动物如长臂猿、亚洲象、印度虎、孔雀等多种，是中国动植物物种资源极为宝贵的遗传基因库。

澜沧江流域是中国少数民族种族最多地区，有傣、彝、白、纳西、回、藏、傈僳、拉祜、哈尼等20余个民族。澜沧江－湄公河流域流经中国、缅甸、老挝、泰国、柬埔寨、越南六国。国际社会对流域的开发治理极为关注，已成立许多国际合作组织。

青海湖

中国最大内陆咸水湖。汉代称西海。北魏时始名青海。蒙古语称"库库诺尔",意即"青色的湖"。青海省由此得名。位于北纬 36°32′ ~ 37°15′,东经 99°36′ ~ 100°47′。长轴呈北西西向,海面海拔 3196 米,长 108 千米,平均宽 38.6 千米,周长 360 千米,面积 4340 平方千米。储水量 742 亿立方米,平均水深 17.6 米,最深达 27.0 米。水位年变幅不大,近年湖水出现负平衡。湖水含盐量 12.49 克/公升,pH 为 9.1 ~ 9.4,属氯化钠质水。

地质与地貌　湖区处于几个构造单元的交会地带。东南部属加里东期的南部祁连山槽背斜,东部和东北部属前震旦纪的中祁连槽背斜,南缘为华力西－印支期的青海南山槽向斜,西南面与柴达木台块和北昆仑槽向斜东端相连接。湖盆于中新生代由断块陷落成为内陆断陷湖。

青海湖盆地为祁连山系内部一大型山间盆地。湖区北部和东部的大通山(平均海拔约 4300 米)和日月山均为祁连山脉东南延伸的分支。日月山由北而南可分为同宝山(4025 米)、日月山(4389 米)和野牛山(4832 米)3 段,为青海湖与湟水流域的分水岭。青海南山位湖区之南,自西而东亦可分为 3段:西段由宗务隆山和茶卡北山组成,为湖区与柴达木盆地的分水岭;中段的塔温山为湖区与共和盆地的界山;东段在倒淌河乡的瓦里贡山以东,组成湖区与贵德盆地的分水岭。

湖周山地山麓地带的洪积扇、洪积阶地及入湖河流阶地相当发育。滨湖地带分布有多条新、老环湖堤。湖东甘子河口到海晏湾以南分布有金字塔形和新月形沙丘群。

湖中耸立岛屿 6 座:蛋岛、鸟

岛、海心山、新沙岛、老沙岛和三块石岛。在黑山的东南延线上是蛋岛、鸟岛和海心山，前两者基岩与黑山同为下古生界变质岩，以水下浅滩相连，分别高出湖面 7.6 米和 32 米，面积则分别为 0.11 平方千米和 0.46 平方千米。海心山位于湖心偏南，面积约 1 平方千米，岛缘整齐陡立，有三级浪蚀阶地，与鸟岛间以断续沙岗和暗礁相连。两者均为中、晚更新世后断块抬升露出水面的湖中孤岛。湖东有新老两沙

岛。老沙岛为湖中最大岛屿，面积约 11 平方千米，高出湖面 113 米，是湖中沙坨出露水面后经风沙堆积而成。湖西南的三块石岛为湖区诸岛中最小者，由七块三叠统灰岩礁石组成，实属宗务隆山向湖的延伸部分。

全新世以来，水位下降，湖面缩小。20 世纪 60 年代以来水位年平均下降 0.10 ～ 0.15 米，蛋、鸟两岛已于 1978 年起与陆地相连成为半岛。湖东老沙岛之南已出现一

冬日青海湖

新沙岛。湖滨东缘还出现了两个脱离母体的子湖——尕海和耳海。尕海位东北部风沙堆积区,与湖区以沙丘相隔;耳海位东南湖湾,以湖堤和沙滩与湖分隔。近期湖水退缩,水质咸化。

水文和气候 青海湖流域为内陆封闭水系,入湖河流达 40 余条,较大者多由西北面汇入,如布哈河及其支流吉尔孟河、沙柳河、哈尔盖河。由东、南面注入的河流少而短小,如甘子河、倒淌河和黑马河。以布哈河为最大,年径流量 10.64 亿立方米,占入湖总径流量的 2/3。湖区 1 月平均气温 –12.7℃,最低 –30℃;7 月平均气温 12.4℃,最高 28℃。11 月至翌年 3 月,湖面冰封,冰厚约 0.5 米。湖区夏季降水 300 多毫米,约为全年降水量的 2/3。

湖中鱼类单一,以鲤科的青海湖裸鲤(俗称湟鱼)为主,并有条鳅。为青海省重要鱼类产地。湖中鸟岛是中国内陆湖候鸟栖息地,每年来此栖息、繁殖的鸟类估计有 10 万只,是中国鸟类自然保护区之一。湖岸有广大草原,是良好牧场。

塔里木河

中国内流河。位于新疆维吾尔自治区塔里木盆地北部。若从叶尔羌河算起,全长 2437 千米,为中国最长的内流河。塔里木河流域位于北纬 34°55′～43°30′,东经 73°25′～90°10′。《汉书·西域传》记述,"南北有大山,中央有河,……其河有二源,一出葱岭山,一出于阗,于阗在南山下,其河北流,与葱岭河合,东注蒲昌海……"。与现今情况一致。葱岭河指今喀什噶尔河和叶尔羌河。于阗即今和田,中央有河即指塔里木河。据《水经注》记述,塔里木盆地存在"南河"与"北河",南河

沿昆仑山北麓东行，北河沿天山南麓东行，两河于罗布洼地西部汇合后注入罗布泊。

塔里木水系与塔里木河 塔里木河源于天山和昆仑山系，又能流达塔里木盆地的塔里木水系的下游，现今的河段是指阿瓦提县境叶尔羌河与阿克苏河汇合处以下，即阿瓦提县上游水库以下河段。从周围山区流到塔里木盆地的大小河流约100条，能汇纳到塔里木河的只有阿克苏、和田及叶尔羌3条大河。19世纪末至20世纪30年代，库车、迪那、渭干、孔雀及喀什噶尔等河还有余水注入塔里木河，后由于各河上游灌区引水增加，上述河流消失于灌区中。源于昆仑山北坡的克里雅、尼雅、车尔臣（且末）等河，离塔里木河较远，古代汛期可能有洪水注入塔里木河，后亦因灌溉引水，早已消失于灌区或沙漠中。各河地下径流最后归宿点可能仍是罗布洼地，因此塔里木盆地的河流都属

塔里木河景观

于塔里木水系。

塔里木河原以罗布泊和台特马湖等为归宿,在历史上形成著名的"游移湖"。1952年尉犁县境堵坝引水,塔里木河改道南流,以若羌县的台特马湖为终点,干流全长1321千米。1972年以后两岸利用洼地蓄水,塔里木河终点从台特马湖退缩到铁干里克的大西海子水库,河长1001千米。塔里木河两岸均为冲积平原,年降水量仅20~50毫米,无法形成地面径流。在阿克苏市肖夹克(和田河注入塔里木河处)以下,再无支流纳入。而沿河引水灌溉,加上渗漏蒸发,使水量越向下游越少,阿拉尔站1957—1992年平均年径流量46.5亿立方米,沙雅县新渠满站同期38.5亿立方米。轮台县大坝站27.1亿立方米,至尉犁县卡拉站只有7.81亿立方米,至铁干里克时余水全为大西海子水库拦蓄,水库库容不到2亿立方米,以下断流。从2000年起,为了挽救干流下游的"绿色走廊",至2002年9月已经从铁干里克以下4次输

水。至2001年,河道已全部通水,2002年已达台特马湖,并形成10平方千米的湖泊面积。

主要支流 塔里木河由阿克苏河、和田河及叶尔羌河会聚而成。如按河流长度、流域面积或年径流量,叶尔羌河可作干流;如按水量,则可以阿克苏河为干流。

①阿克苏河。上游有二源,都源于吉尔吉斯斯坦境内天山南脉。北源昆马力克河,在中国新疆的温宿和乌什两县之间流入境内,在温宿县协合拉流出山口,流域面积1.282万平方千米,多年平均年径流量45.7亿立方米;南源托什干河,在中国新疆的阿合奇县西境流入境内,阿合奇县沙里桂兰克以上流域面积1.8万平方千米,多年平均年径流量26.5亿立方米。两河相会于阿克苏城西,以下称阿克苏河,年径流量72.2亿立方米,供给塔里木河水量44.2亿立方米,占塔里木河补给来源68.5%,占阿克苏河径流量47.5%。

②和田河。有二源,东源为玉

龙喀什河，源于策勒县南部昆仑山，在和田县同古孜洛克流出山口，流域面积1.457万平方千米，多年平均年径流量22.4亿立方米。西源为喀拉喀什河，源于和田县南部喀喇昆仑山北坡，流经阿克赛钦盆地进入昆仑山峡谷，在墨玉县乌鲁瓦提流出山口，流域面积2.0万平方千米，年径流量21.8亿立方米。两河在科什拉什汇合后称为和田河。年径流量34.34亿立方米。至阿克苏市肖夹克流入塔里木河的水量为11.1亿立方米，占塔里木河补给来源25.7%，占和田河总水量25%。

③叶尔羌河。塔里木河上源。主要支流克勒青河源于喀喇昆仑山乔戈里峰北坡，由冰川融水补给；另一支流为源于喀喇昆仑山西段的塔什库尔干河，流经帕米尔高原东坡，在阿克陶县南部塔尔下游与克勒青河交汇，至莎车县卡群流出山口，流域面积5.02万平方千米，多年平均年径流量64.2亿立方米，流经巴楚县境时被许多水库拦蓄，注入塔里木河水量仅2.93亿立方米，占塔里木河水补给来源的5.8%，占叶尔羌河总径流量9%。

天然调水作用 塔里木盆地周围山区产生的年径流量能流至塔里木盆地的共约370亿立方米，沿东经84°把塔里木盆地划分为东、西两部分，西部远远多于东部。塔里木河还具有天然调水作用。

从19世纪以来，塔里木河上游支流灌区农垦面积扩大，原流入塔里木河的支流，如喀什噶尔、台兰、渭干、库车、迪那、孔雀等河，现均已断流，补给来源逐渐减少。尤其是20世纪50年代以来，塔里木河沿岸大量引灌和蓄水，在不到20年的时间内，下游河道已缩短320多千米。保护塔里木盆地的自然环境，需要发挥塔里木河的天然调水作用。为此需合理规划：①合理安排上游用水，控制农垦面积，维持阿克苏河20世纪80年代初的年供水量34.2亿立方米。②叶尔羌河及和田河夏季径流占年径流

70%，合理规划和加强管理，可腾出部分水量供给塔里木河，规划分别能注入塔里木河 3.3 亿和 9 亿立方米。③加大孔雀河—塔里木河干渠的输水能力，使之达到年 4.5 亿立方米。④改塔里木河自然河道为渠化河道，减少渗漏蒸发，增加向东输送水量。⑤开采天山南坡的煤矿，利用水力资源和太阳能，解决燃料来源，保护防护林带。

额尔齐斯河

鄂毕河最大支流，亚洲重要的国际河流。上源由源出中国新疆境内阿尔泰山南坡的卡拉额尔齐斯河、布尔津河及哈巴河等一系列近于平行的支流汇合而成。在注入斋桑泊前又称黑额尔齐斯河。向西北流经哈萨克斯坦西部、俄罗斯西西

中国境内的额尔齐斯河

伯利亚的鄂木斯克州及秋明州，在汉特－曼西斯克注入鄂毕河干流。河长4248千米，流域面积164.3万平方千米。中国境内河段长633千米，流域面积5.7万平方千米，是中国唯一属北冰洋水系的河流，也是新疆唯一的外流河。上游为山地河流，布尔津以下河谷展宽。自斋桑泊至厄斯克门（乌斯季卡缅诺戈尔斯克），穿过鲁德内阿尔泰山区，谷深、流急，建有一系列梯级调蓄水库。塞米巴拉金斯克以下，流经西西伯利亚平原，河谷宽广（下游可达30千米），水流平缓。由于上中游流经荒漠、半荒漠和干草原地区，支流较少。主要支流均位于中下游，如伊希姆河、托博尔河、孔达河及奥姆河等。河口处年平均流量2830米^3/秒（最大流量12 100米^3/秒，最小297米^3/秒），年平均径流量约950亿立方米。汛期下游为5—9月，上游为4—10月。结冰期从11月到翌年4月。流域内铅、锌、铜、金、银、石油、天然气等矿藏和水力资源丰富。干流

上建有厄斯克门（乌斯季卡缅诺戈尔斯克）、布赫塔尔马及舒利宾斯克梯级水电站，装机容量分别为33万千瓦、67.5万千瓦和135万千瓦。干流在中国的布尔津以下均可通航。主要河港有：厄斯克门、塞米巴拉金斯克、巴甫洛达尔、鄂木斯克、托博尔斯克、汉特－曼西斯克等。从哈萨克斯坦巴甫洛达尔以南的耶尔马克建有额尔齐斯－卡拉干达运河，长458千米，1971年建成，设计引水量20亿立方米，规划最终将延伸到哈萨克斯坦中部的杰兹卡兹甘铜矿区。

黄　河

中国第二大河。因河水黄浊而得名。古代称为"河"，《汉书》中始称黄河。发源于巴颜喀拉山北麓约古宗列盆地，流经青海、四川、甘肃、宁夏、内蒙古、陕西、山西、河南、山东9省区，在山东省垦利县注入渤海。全长5464千米，流域面积75.24万平方千米。

黄河流域位于北纬32°～42°，东经96°～119°，西起巴颜喀拉山，东临渤海，北界阴山，南至秦岭。西高东低，西部青海高原海拔3000～4000米，位于西南部的阿尼玛卿山（大积石山）主峰阿尼玛卿岗日，海拔6282米，是黄河流域的最高点。中部黄土高原、鄂尔多斯高原、河套平原，以及崤山、熊耳山、中条山、太行山脉等山地，海拔1000～2000米。东部为华北平原和鲁中丘陵，华北平原海拔大多在100米以下，鲁中丘陵海拔400～1000米。

干流概况　干流可分为三段：从河源到内蒙古自治区托克托县的河口镇为上游，河口镇至河南省桃花峪为中游，桃花峪以下为下游。

上游　内蒙古自治区托克托县的河口镇以上是黄河的上游，流域面积38.6万平方千米，河段长3472千米，落差3464米（从约古宗列盆地下口计算），有白河、黑河、大夏河、洮河、湟水、祖厉河、清水河、大黑河等支流汇入。

黄河源头称玛曲。河出约古宗列盆地，向东穿过芒尕峡谷，进入有许多"海子"的沮濡滩地，名"星宿海"。在星宿海东部，玛曲分别从左、右岸接纳扎曲和卡日曲。扎曲较短，水量小，干旱年份河道干涸。卡日曲长201.9千米，所以亦有人认为卡日曲是黄河的正源。

黄河出星宿海后，穿过扎陵湖和鄂陵湖。过两湖至玛多县城附近的黄河沿，源地至此流程270千

米，年水量增加到 5 亿立方米以上。

黄河嗣后穿行巴颜喀拉山和阿尼玛卿山间的古湖盆和丘陵宽谷，至四川省、青海省交界的松潘草地，东受岷山所阻，绕阿尼玛卿山作 180° 的大弯，折向西北，重新进入崇山峻岭之中，在青海东部穿过拉加峡、野狐峡、拉干峡等一系列

黄河鸟瞰

峡谷，又作 180° 大弯，向东流入龙羊峡。从龙羊峡到青铜峡，黄河穿行在群山中，河道一束一放，峡谷与川地相间。此段河道长 910 多千米，落差 1320 米，水力资源蕴藏丰富，可开发水电装机容量占黄河干流的 43%，有著名的刘家峡、盐锅峡、八盘峡、青铜峡和龙羊峡等。峡谷间较大的盆地有贵德盆地、兰州盆地、靖远盆地等。河出青铜峡，流经银川平原，流入内蒙古自治区河套平原。

黄河上游段水多沙少，为黄河主要清水来源区。兰州以上流域面积仅占花园口站集水面积的 30%，但多年平均径流量却占花园口站的 57%。黄河在兰州以上大部流经高原，河水含沙量小，兰州站多年平均含沙量 3.4 千克/米^3，年输沙量为 1.08 亿吨；河口镇站分别为 5.7 千克/米^3，年输沙量

1.42 亿吨。

中游 黄河中游从河口镇到河南省郑州附近的桃花峪，流程 1200 多千米，落差 896 米，流域面积 34.38 万平方千米。河流穿行于峡谷中，成为陕西、山西两省的天然分界线。除河曲、保德等河谷较开阔外，绝大部分河谷两岸崖壁陡立，高出水面数十米至百余米，河道一般宽 200 ~ 400 米，多急流险滩，有著名的壶口瀑布。壶口以下 65 千米为禹门口（又称龙门），龙门山和梁山左右环抱。出禹门口，河面开阔到 3 ~ 15 千米，有汾河、渭河、泾河、北洛河等支流汇入。黄河在甘、宁、内蒙古、陕、晋等省（自治区）形成马蹄形大弯，到潼关受秦岭阻挡，折向东流，进入豫西峡谷。过三门峡，河心有两座石岛，把河道隔成"人门""鬼门""神门"，古称"三门天险"。三门之下有一小岛挺立河中，即为著名的"中流砥柱"。三门峡水利枢纽工程即建于此。自孟津县小浪底以下进入低山丘陵区，河道逐渐

放宽至 1 ~ 3 千米，是由山地进入平原的过渡性河段。

黄河中游流经世界最大的黄土高原，水土流失严重，输沙模数大于 5000 吨 / 千米^2 的面积达 14.3 万平方千米，是黄河泥沙主要来源区。含沙量大的支流，如黄甫川、窟野河、无定河、三川河、延水、汾河、北洛河、泾河、渭河等均发源于此。河口镇至龙门、龙门至三门峡以及三门峡至桃花峪区间干支流，为黄河下游洪水的三大来源区，其中三门峡至桃花峪区间流域面积 4.2 万平方千米，有伊洛河和沁河等重要支流汇入，暴雨强度大，集流快，洪峰预见期短，对下游防洪威胁很大，但为黄河两大"清水"来源区之一。

下游 桃花峪以下是黄河的下游，长 780 多千米，落差 95 米，流域面积 2.26 万平方千米。河道平坦，水流缓慢，泥沙大量淤积，黄河带到下游的泥沙平均约有 3/4 被送到入海口，约 1/4 淤积在河道内，使河床逐年抬高，成为世界著名的

"悬河"（黄河河床一般高出大堤外地面 3～5 米，甚至高出 10 米）。黄河下游的主要支流有大汶河等。除山东的平阴、长清一带有山地屏障外，两岸全靠大堤约束。

黄河下游现存的唯一湖泊是位于山东省梁山、东平两县的东平湖。据《水经注》载，黄河下游约有 130 多个湖泊陂塘，因黄河决溢改道淤成平陆。

黄河河口位于渤海湾与莱州湾之间，属弱潮、多沙、摆动频繁的陆相河口。黄河三角洲发育很快。近代三角洲以利津以下的宁海为顶点，大体包括北起徒骇河口，南至支脉沟口的扇形地带，面积 5400 多平方千米。20 世纪 50 年代以来，三角洲顶点从宁海下移到渔洼附近，小三角洲面积约 2200 多平方千米；1954—1982 年平均每年造陆 38 平方千米，海岸线年均向海推进近 0.47 千米。

气候与水文 黄河流域大部分属干旱、半干旱的大陆性季风气

壶口瀑布

候。平均年降水量478毫米，北部雨量较少，年平均最少仅约150毫米；南部雨量较多，年平均最多800多毫米。6—10月降雨占全年的65%～80%，多暴雨且强度大，一次降雨甚至可达当地多年平均降雨量。

花园口站多年平均年径流量470亿立方米，计入工农业耗水量，年平均天然径流量560亿立方米，包括花园口以下天然来水量，黄河天然年径流量合计为570多亿立方米。水资源南部多、北部少。兰州以上地区、龙门至潼关区间、三门峡至花园口区间，流域面积仅为全河的60%，而天然径流量却占全河的87%。径流量年内分配，7—10月占60%左右。年际变化最大最小年径流量比值，兰州站为3.17，河口镇站为3.44，中游有些支流的比值高达5～12。

黄河的输沙量和含沙量均居世界各大江河首位，年平均输沙量16亿吨，年平均含沙量36.9千克/米^3（以陕县站为代表），90%

的泥沙来自黄河中游黄土高原。其中80%集中产生于输沙模数大于6000吨/千米^{2}的11万平方千米的地区。年内、年际变化不均匀，85%左右的泥沙来自汛期几场暴雨，中游有些支流一次洪水的输沙量即可达全年的1/3以上，形成浓度很大的高含沙水流。黄甫川、无定河、窟野河等多沙支流更有含沙量1000～1500千克/米^{3}的极值。黄土高原水土流失严重，沟道密度2～7千米/千米^2，沟壑面积占土地面积的30%～50%，有的达60%以上，但黄河的冲刷和淤积却是华北平原形成的重要因素之一。

黄河干流仅部分河段通行木船和小型驳船。黄河水力资源居全国第二位。干支流水力发电理论蕴藏量4000万千瓦，年发电量3500多亿千瓦·时，其中干流可开发水电资源2500万千瓦。

人文概况 黄河流域共有耕地约0.18亿公顷。上游草原辽阔，是中国羊毛、皮革和其他畜产品的主要产地。中、下游有广大的黄土高

原和冲积平原，是中国农业发源地之一。陕、豫、鲁等省的小麦、棉花在全国占重要地位。黄河鲤鱼闻名。河口滨海浅海区出产毛虾、对虾等20多种水产品。

黄河流域蕴藏有煤、石油、铁、铜、铝、铅、金、银、钨、铬、镁等矿藏，已逐渐形成上游水电基地、中游煤炭基地、下游石油基地的能源工业布局，是中国举足轻重的三大常规能源基地。流域亦为中国重要工业区，重要城市有西宁、兰州、银川、包头、西安、太原、洛阳、郑州、济南等。

黄河是中华民族的摇篮。远在80万年以前，黄河流域就有人类活动，新石器时代已有定居农业。距今约3500年前，位于黄河流域的商王朝已成为当时世界三大文明中心之一。由夏至北宋，黄河流域一直是中国政治、经济、文化的中心。

灾害及治理 黄河的洪水灾害闻名于世。危害最烈的是在下游。黄河一年中有4个汛期：夏季的"伏汛"、9—10月的"秋汛"、3—4月的"桃汛"和春初的"凌汛"。伏汛和秋汛通常合称为"伏秋大汛"。20世纪50年代以前，黄河常发生决口泛滥以致改道的严重灾害。有历史记载的2000多年中，黄河下游发生决口泛滥1500多次，重要的改道26次，灾害波及海河、淮河和长江下游约25万平方千米的地区。每次决口泛滥都造成惨重损失，如1933年下游决口54处，受灾面积1.1万多平方千米，受灾人口达360多万人。黄河流域旱灾也较严重。

黄河治理远在春秋战国时代就开始在两岸修筑堤防。两汉时期，抢险、堵口和保护堤岸的"工程"已经出现。宋代已有简单的报汛方法和防汛制度。1世纪后半期（东汉永平）的王景，16世纪后半期（明嘉靖到万历）的潘季驯，17世纪后半期（清康熙）的靳辅、陈潢等，对于黄河下游的修堤防汛工作都有重大贡献。

1955年第一届全国人民代表大

会第二次会议通过了《关于根治黄河水害和开发黄河水利的综合规划的决议》，开展了大规模综合治理黄河的工作。

　　远在 2000 多年前，黄河流域就修建了大规模的引水灌溉工程。公元前 246 年，在关中平原修建了郑国渠。汉武帝时在关中修建了白渠、灵轵渠、成国渠、龙首渠等。在干流宁夏、内蒙古河套地区，支流湟水、汾河、沁河下游很早就有相当规模的灌溉工程。但直到 20 世纪 50 年代前夕，黄河流域全部灌溉面积仅为 80 万公顷左右，水电事业几乎空白。黄河干流上已建成龙羊峡、李家峡、刘家峡、盐锅峡、八盘峡、青铜峡、三盛公、天桥、万家寨、三门峡、小浪底等大型水利水电工程。全河灌溉面积 466 万余公顷。过去没有引黄灌溉工程的黄河下游，已建成了多座引黄涵闸、虹吸和扬水站工程。引黄灌溉和补源面积达 200 万公顷，成为中国最大的自流灌区。在黄河流域还广泛开展了水沙的综合利用，小浪底水利枢纽为黄河的防洪和改变下游的泥沙淤积发挥了重要作用。

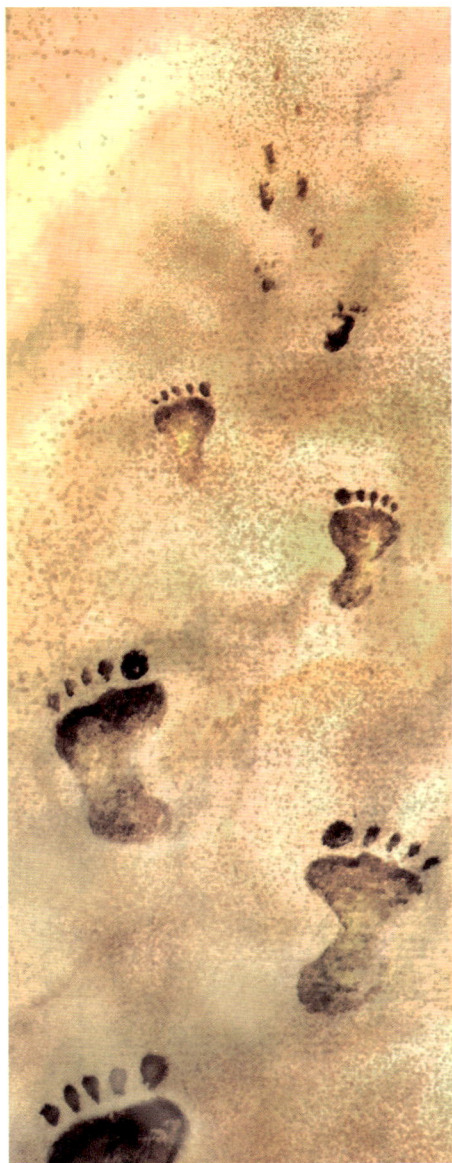

黑龙江

中俄界河。位于中国黑龙江省北缘。满语称"萨哈连乌拉"（意即黑水）。流经中国东北北部。北源石勒喀河源于蒙古肯特山东麓，南源额尔古纳河源于中国大兴安岭西坡。南北两源在洛古河村汇流后称黑龙江，东流至俄罗斯境内注入鄂霍次克海。从额尔古纳河上源的海拉尔河开始到黑龙江河口，全长4370千米，居世界第11位。流域面积184.3万平方千米，居世界第10位，在中国境内的流域面积约占全流域的48%，包括黑龙江省和吉林省的大部及内蒙古自治区的一部分。黑龙江流域是中国历史上开发较早的地区之一，19世纪由于沙皇俄国的侵略，胁迫清朝政府签订不平等条约，强行侵占中国黑龙江以北、乌苏里江以东广大地区。现今的黑龙江流域地跨中国、俄罗斯和蒙古三国，下游在俄罗斯境内。

黑龙江的支流共约200余条。其中较大的有松花江、乌苏里江、结雅河、布列亚河等。松花江为黑龙江最大支流，自天池至松花江河口全长1897千米，流域面积55.68万平方千米。另一支流乌苏里江，长905千米，流域面积18.7万平方千米。

干流概况 黑龙江干流自洛古河村至黑河附近的结雅河口为上游，长905千米；自结雅河口至乌苏里江河口为中游，长994千米；自乌苏里江河口以下至入海处为下游，长930千米。

①上游。河道穿行于山峡中，河谷切割不深。自洛古河村至南岸支流额木尔河河口段，山崖险峻，江面狭窄，水流湍急；自额木尔河河口以下，水流变深，河谷逐渐开阔，并出现小块滩地，有些河段有分汊现象。河宽一般400～1000米，枯水期一般水深1.2米左右，可通行300～1000吨级船舶。河

床底质多为石质或卵石。河床呈"U"形，平均比降0.2‰，上溯至额尔古纳河，全江可通行船只。

②中游。可分为3个不同区段。自结雅河口至嘉荫附近，河道弯曲，多岛屿沙洲，河宽1500米左右。自嘉荫以下，黑龙江进入山地峡谷段，河谷束窄，河宽600～700米左右，流速25米/秒左右，湍流、涡流较多，河床底质多为礁石。出峡谷后，黑龙江干流进入平原地区，河谷伸展，水流平稳，接纳松花江后，河谷宽至10千米以上，江面宽达2000米以上，两岸低平，水流变缓，网状河道现象显著，江中岛屿沙洲、浅滩较多。其中东兴浅滩枯水期深一般1.5米，有碍航行，该段距离约1000千米，落差约100米，平均比降0.09‰，可通行1000～3000吨级船舶。

气候与水文 黑龙江流域位于寒温带与温带，具有明显的季风气候。黑龙江是以雨水补给为主、季节积雪融水补给为辅的河流，全部径流中雨水补给占75%～80%，融水补给占15%～20%，地下水补给占5%～8%。

黑龙江水系大部分分布于森林区，水土流失较轻，河水含沙量年平均为0.1千克/米^3，仅为长江的1/4、黄河的1/300，是中国含沙量甚少河流之一。

黑龙江较大支流分布均匀。除洪水季节外，水面平静，水位稳定。其南北两源来水约275亿立方米，其中北源占54.2%，南源占45.8%。黑龙江在中游接纳了结雅河、布列亚河、松花江、乌苏里江后，干流年均径流量约2720亿立方米，占全流域年均径流量的78.6%。

流域多年年降水量400～600毫米，自上游向下游渐增，山地多于平原。降水季节分配不均，4—10月降水量占全年总量的90%～93%，其中6—8月集中了60%～70%，且多暴雨。河流春汛流量不太大，但少数年份，最大流量也可超过年平均流量的3～5倍。

夏汛流量大、洪峰高、历时长，其流量可超过年平均流量的 5～10 倍。受暴雨或长期淫雨影响，8、9 月份出现汛期最高洪峰。洪水峰高量大，一次洪水洪峰流量与多年平均流量比值可达 10～20 倍，上游尤为突出。洪水历时较长，上游一般 10 天左右，最长达 29 天，中游最长可达 58 天。

径流量多年变化明显。在乌苏里江河口处黑龙江干流，丰水的 1897 年达到 1.24 万米³/秒，少水的 1921 年为 3620 米³/秒。径流量的多年变化还表现为丰水和少水年的交替现象。1898—1927 年为少水年，其间黑龙江干流在洛古河村只有 7 年超过多年平均流量；1927 年以后出现丰水年，洛古河村自 1928—1956 年仅有 5 年低于多年平均流量。

黑龙江封冻期近半年。每年 10 月上旬上游出现初冰，中游 10 月下旬始见初冰。初冰之后一个月为封冻期，自上游始，漠河附近河段平均于 11 月上旬封冻，中游为 11 月中下旬封冻。至翌年 4 月中下旬先中游后上游解冻。封冻期上游 160 天以上，中游 140～160 天。冰层较厚，平均最大冰厚上游 1.25～1.50 米，中游 1.00～1.25 米。

经济概况 黑龙江水系径流资源丰富，沿江平原农业发达，盛产小麦和大豆。境内山地森林茂密，是中国重要的林业基地。黑龙江水能资源较丰，总蕴藏量约 3200 万千瓦。并多有经济价值的鱼类。

黑龙江水系共有港站 158 个，其中哈尔滨、佳木斯、沙河子为直属大港。主要航线有哈尔滨—富拉尔基、佳木斯—黑河、哈尔滨—沙河子等。沿黑龙江干流，小汽船可直抵漠河镇。松花江在哈尔滨以下江段，1000 吨级江轮通行无阻。黑龙江冬季冰层坚厚，可通行汽车和拖拉机等。

斜晖脉脉水悠悠·中国著名河流湖海

松花江

中国黑龙江的最大支流。流经中国东北地区北部。上源一为嫩江，源于伊勒呼里山南麓；另一为松花江正源（曾称第二松花江），源于长白山主峰白头山天池。两江于三岔河汇合后折向东北，即松花江干流，于同江市东北汇入黑龙江。自天池至松花江河口全长 1897 千米。流域面积 55.68 万平方千米，仅次于长江和黄河，居全国第 3 位。流域介于北纬 40°42′～51°38′，东经 119°52′～132°31′，包括黑龙江、吉林两省大部和内蒙古自治区部分。山地、丘陵占流域面积的 71.8%，平原占 27.4%，余为沼泽、湿地。

干支流概况　嫩江干流长 1397 千米，流域面积 22.2 万平方千米，两侧支流众多，分别发源于大、小兴安岭，右岸支流多于左岸。干流在嫩江县以上，穿流于山地中，多为石质河底，坡陡流急，具有山溪性特征。嫩江县以下，河流多弯曲、浅滩，河宽 400～1000 米，洪水时可至数千米，水深约 1 米。沿岸有沼泽地，并有牛轭湖，西南部多沙丘。

松花江正源长约 790 千米，流域面积 7.34 万平方千米，众多支流源于长白山地，多从左岸汇入。上游穿流于高山峡谷，河道狭窄，水流湍急，水力资源丰富。在吉林市丰满，人工筑坝形成库容 100 亿立方米的丰满水库（又称松花湖），湖区长约 200 千米，有小客轮通航。上游的水力资源正逐步进行梯级开发。吉林市以下，河谷逐渐展宽至 300～500 米，至扶余县以下江面宽 500～1000 米，河道比降 0.95‰，水流渐缓，水深加大到 2.5 米左右。

松花江干流 867 千米，依次有拉林河、呼兰河、蚂蚁河、牡丹

江、倭肯河、汤旺河等较大支流汇入。干流河道河槽深广，坡度较缓，大体可分3段：三岔河至哈尔滨，河道蜿蜒于草原湿地，河宽370～850米，水浅流缓；哈尔滨至佳木斯，两岸为台地和低山丘陵，河宽200～1000米，其中依兰附近的"三姓浅滩"长27千米，险要处岩石多出露水面，江岸石崖不断，连绵600余米。佳木斯以下，地势平坦，河道宽浅，一般宽1.5～3千米，流速缓慢，受黑龙江水顶托，回水可上溯80余千米，直达富锦。干流河床平均比降0.083‰，其中三岔河至哈尔滨间比降仅为0.021‰。

气候与水文 松花江流域属温带大陆性季风气候。冬季漫长，严寒干燥，夏季温暖湿润。流域内降水分布不匀，长白山地年降水量700～800毫米，向西、向北递减。松花江径流中雨水补

松花江景色

给占 75% ～ 80%，融雪水补给占 15% ～ 20%，地下水补给占 5% ～ 8%。冰雪融化始于 4 月，形成春汛；5—6 月夏汛开始，如雨季提早，春汛和夏汛间无明显低水段。7—8 月降雨量占全年总量的一半，水位较枯水期高 4 ～ 5 米，径流量占全年的 30% ～ 40%。9 月以后水量下降；10 月下旬至翌年 4 月中旬为枯水期，径流占全年的 5% ～ 20%。11 月中旬至翌年 4 月初为封冻期，平均最大冰厚 1 米左右。松花江径流多年变化明显，丰水年与枯水年平均流量之比为 6 ～ 7 倍，有连续丰水、连续枯水的交替现象。

人文概况　松花江是中国东北境内航运价值较大的河流，干流哈尔滨以下丰水期可通航 1000 吨级以下江轮。松花江正源在吉林市以下江段，洪水期可通航 200 吨级以下驳船。嫩江自大安以下有客轮通航。开江后和封江前的短暂流冰期不能航行。寒冬季节河流封冻，江面可通行汽车、拖拉机等。

松花江渔业资源丰富，嫩江下游为东北地区重要淡水鱼产地，主要经济鱼类有鲤鱼、草鱼、白鲢、长春鳊、大白鱼、鲫鱼、鳌花等。

松花江流域是中国重要的商品粮生产基地和木材、矿产产地。哈尔滨、长春、吉林、齐齐哈尔、佳木斯等城市都位于松花江及其支流沿岸。

鸭绿江

中国、朝鲜两国界河。汉称马訾水，唐始称鸭绿江。因水色深绿如鸭头得名。源于长白山主峰南麓海拔 2300 米处。上游流经崇山峻岭，坡陡流急，谷宽 50 ～ 150 米；中游自临江以下，转向西南，坡度变缓，谷宽 200 ～ 2000 米；下游自水丰以下，河谷开阔，两岸有低山丘陵和较窄平原，江心多沙洲。

江中岛屿近 200 个，以文安滩为最大。丹东附近江宽 5 千米，流到东沟分两支入黄海。全长 816 千米。流域面积 6.45 万平方千米，中国境内约占一半。水系发达，支流受构造控制，多与干流成直交。北侧主要支流有浑江、蒲石河、瑷河等，南侧主要支流有虚川江、长津江、秃鲁江、忠满江等。浑江长 446.5 千米，流域面积 1.54 万平方千米，河谷深切 600 米，属典型山地曲流。鸭绿江流经温带湿润地

区，平均年降水量 870 毫米，自上游向下游渐增，70% 集中在 6—9 月。河口多年平均入海流量 316.9 亿立方米。每年融冰化雪时形成春汛。5—6 月常出现枯水期。夏汛在 7—8 月，最大流量一般为年平均流量的 15～25 倍。全流域气候凉湿，分布以红松、枫桦为主的针阔叶混交林，下游多栎林。有多种野生动植物。江水含沙量和输沙量小。鸭绿江流经长白山地，河谷陡窄，比降大，水力资源丰富、水能蕴藏量

鸭绿江片段江面

230 万千瓦。干支流多良好坝址。水丰发电站是中朝合营的第一座大型电站，此外还有云峰、桓仁、回龙山、太平哨等以发电为主，结合防洪、灌溉、航运等大中型综合性水利工程。集安、河口和丹东有铁路公路桥连接两岸，为中朝交通要道，其中以丹东－新义州大桥（中朝友谊桥）最为壮观。鸭绿江因冬季水浅封冻，上中游滩多水急，航运受限制，水丰库区以下通航，最大港口为丹东。

图们江

朝鲜与中国、俄罗斯之间的界河。中国满语称"图们色禽"，意为"万源之河"。朝鲜语"豆满江"和俄语"图曼那亚河"均系"图们江"谐音转译而来。发源于长白山主峰东麓，其干流为中朝界河，流经中国延边朝鲜族自治州的安图县、和龙市、图们市（朝鲜一侧为两江道和咸镜北道），至珲春市东南（朝鲜一侧罗津—先锋市东北）图们江中的中、朝、俄三国交界点，长 501 千米。之后为朝、俄界河，流程 15 千米，注入太平洋的日本海。干流总长度为 516 千米。流域面积 3.32 万平方千米，其中中国一侧为 2.29 万平方千米，约占 69%。主要支流左岸（中国一侧）有红旗河、嘎呀河、密江、珲春河等；右岸（朝鲜一侧）有小红湍水、延面川、城川水、会宁川、五龙川等。从源头至中国南坪（朝方为七星里）为上游河段，穿行于玄武岩深切峡谷中，河槽窄深，水流湍急，河底均为大石块。以下至中国甩湾子（朝方为训戎里）为中游，流经长白山北部岭谷后，先是自西南向东北流，河岸逐渐展宽，中国图们市以下转向东南流，河谷开阔，河道顺直，河曲发育。甩湾子以下为下游，进入珲春河谷平原，江面宽 400～1000 米，水量

增大，多汊流、沙洲和江心岛。中国圈河（朝方为元汀里）以下为河口三角洲，多泡塘湿地。平水期图们（朝方为南阳）以下河道可通行20吨级船舶，航道里程约为85千米。利用潜力较大，沿岸森林覆盖较好。上游朝鲜一侧有茂山铁矿，中下游有朝鲜的稳城、阿吾地煤矿和中国的珲春煤矿等。主要的跨江大桥有中国的三合—朝鲜的会宁、开山屯—三峰里、图们—南阳、沙坨子—新星、圈河—元汀里等公路大桥以及朝俄铁路大桥等。自20世纪90年代以来，以图们江为纽带，在联合国开发计划署（UNDP）的积极协调与促进下，中、朝、俄及至东北亚国家和地区间的经济合作形势有所发展，图们江中下游地区经济与社会面貌发生较大变化。

牡丹江

中国松花江支流。满语称"牡丹乌拉"，意为"弯曲的江"。发源于吉林省敦化市牡丹岭北侧，向北流入黑龙江省，经宁安市、牡丹江市、海林市、林口县，在依兰县依兰镇西附近汇入松花江。全长726千米，流域面积3.7万平方千米。上游干流奔行在张广才岭和老爷岭之间，河谷狭窄。在宁安市南部干流被火山熔岩流堵塞，形成镜泊湖。吊水楼瀑布以下至桦林为中游，河谷较宽，河谷盆地呈串珠状排列其间，如东京城、石岩、兰岗、宁安、范家、温春、牡丹江等盆地。五虎林河口以下为下游，河谷较狭窄，在依兰县长江屯以下进入平原区。牡丹江支流主要有黄泥河、尔站河、蛤蟆河、海浪河和乌斯浑河等。流域属湿润气候区，平均年降水量 600 毫米以上，多年平均年径流量 84.3 亿立方米。牡丹江流域是黑龙江省重要林区，是省内水电发展的重点地区。长江屯以下可通航小汽船。山区林副产和矿产资源丰富。抗日战争时期牡丹江流域曾是抗日联军战士活动的重要基地。乌斯浑河的关门嘴子即为八女投江殉国之地。镜泊湖和火山口地下森林及牡丹峰自然保护区均为旅游胜地。

乌苏里江

中国黑龙江支流。中国与俄罗斯的界河。右源松阿察河源出兴凯湖，左源乌拉河源出俄罗斯境内锡霍特山脉奥勃拉奇纳亚山南麓。两源汇合后，自南向北流经中国的虎林市、饶河县、抚远县边境，于抚

乌苏里江边

远三角洲（黑瞎子岛）东北角注入黑龙江。全长905千米，流域面积18.7万平方千米。流经中国边境约500千米，流域面积6.58万平方千米。沿线接纳众多支流，中国一侧主要支流有穆棱河、七虎林河、挠力河和别拉洪河；俄罗斯一侧主要有伊曼河、比金河、刀毕河、哥赤哈河、和罗河等。流域内降水较多，植被较好，流量丰富，多年平均年径流量630.7亿立方米。干流流经地区多为平原，河道比降小，江阔水深，水清流缓，航运条件优越。沿江两岸绿树郁郁葱葱，江中岛屿较多，该江与黑龙江会合处的黑瞎子岛为两江第一大岛。乌苏里江水产丰富，是中国大麻哈鱼最大产区。赫哲人世代在此从事渔猎。沿江平原广阔。20世纪50年代以来，从兴凯湖到完达山南北，直至乌苏里江下游，先后开垦66万多公顷土地，建成数十座大型农场，成为中国商品粮基地。乌苏里江流域有丰富的煤、石墨和森林及野生动植物资源。

辽 河

中国北方地区大河之一。主流上游老哈河源于河北省七老图山脉光头山（海拔1729米），汇合西拉木伦河后称西辽河，于台河口歧分为南北2支，南支为主流西辽河，北支为新开河。至双辽汇合后南下，到福德店汇合东辽河后始称辽河。经铁岭后转向西南流，至六间房再歧分为二：一股南流为外辽河，到三岔河汇浑河、太子河后称大辽河，经营口市注入渤海；另一股西南流称双台子河，经盘山南汇绕阳河注入渤海。1958年以后，在六间房堵截外辽河流路，使浑河、太子河成为独立水系，辽河主流由盘山南入渤海。辽河流经河北、内蒙古、吉林和辽宁4省区，全长1394千米。流域介于北纬40°30′～45°，东经 116° 30′ ～ 125° 30′，流域面积 20.16 万平方千米。辽河属树枝状水系，东西宽南北窄，流域内山地占 48.2%，丘陵占 21.5%，平原占 24.3%，沙丘占 6%。

干支流概况 主流上游流经黄土丘陵，汇合坤都河、英金河、崩河、羊肠子河后流入海拔 400 米以下的平原。西辽河接纳南岸支流教来河后地势降到 300 米以下，河谷广阔，至昌图福德店，长 882 千米，平均比降 0.75‰，水量大增。

向南穿过辽北低丘，接纳招苏台河、清河、柴河、泛河等，进入海拔 50 米以下的平原，至石佛寺长 210 千米，比降 0.2‰。下游穿流冲积平原，北岸有秀水河、养息牧河、柳河等汇入，至六间房长 198 千米。南流为河口区，地面高程已在 20 米以下，盖州、牛庄、沙岭间有古海岸线存在。汉、唐时期，辽河在海城东南英城子附近入海，辽、金以后，海岸线外扩速度加快。近海处降到 10 米以下。诸

辽河入海口处的红海滩

河下游变迁频繁，遗留很多废河道和牛轭湖。六间房至双台子河口长104千米。

气候与水文　流域属温带大陆性季风气候。年降水量350～1000毫米，山地多于平原，从东南向西北递减，65%水量集中在4—9月。二龙山、大伙房、参窝连线以东径流系数25%以上，年径流深150～400毫米。西辽河沙丘草原区径流系数不到10%，年径流深在50毫米以下。1956—1979年平均年径流量148亿立方米（包括浑河、太子河）。辽河流域夏季暴雨强度大、频率高、集流快，常使水位陡涨陡落，形成下游洪涝。辽河各支流含沙量老哈河为27.4千克/米^3。辽河干流的铁岭年平均含沙量3.6千克/米^3。辽河含沙量仅次于黄河、海河，年平均输沙量2098万吨。

经济概况　辽河流域东部和西部山地分布红松、油松、落叶松和以栎属为主的杂木林。辽河上游沙地草原以牧草为主。辽河下游平原是中国开发较早地区，盛产大豆、小麦、高粱、玉米、水稻等，沿海有苇塘。面积1.1720万平方千米的辽河三角洲开发区是国家重点农业开发区。辽河流域已修建了红山、二龙山、汤河、参窝、闹德海、清河等水库，收到了综合效益。矿产有铁、石油、煤和有色金属等，是中国主要工业分布区之一。

辽河三角洲上占地5600公顷的黑嘴鸥繁殖地是世界上唯一的黑嘴鸥繁殖地。

海 河

中国七大江河之一。又称沽河。海河流域位于北纬 35°0′~42°42′，东经 115°59′~119°36′，东临渤海，南界黄河，西起太行山，北倚内蒙古高原南缘。流域面积 26.4 万平方千米。全流域山区约占 54.1%，平原约占 45.9%。海河流域西为太行山脉，北为燕山山脉，东、东南为华北平原的一部分，又称海河平原。南部由西南向东北倾斜，北部从西北倾向东南，洼淀、岗垄交错分布，排水不畅，河道多为地上河。

水系概况 上游支流众多，有五大支流：北运河、永定河、大清河、子牙河和南运河，即为华北五河。五河分别自北、西、南三面汇流至天津，始名海河。海河自金钢桥以下干流长 73 千米，河道狭窄多弯道，有"七十二沽"之说。

①北运河。由蓟运河、潮白河和北运河构成一水系。蓟运河由沟河和州河组成，在九王庄汇合后称蓟运河，至天津北塘入渤海。潮白河源于内蒙古高原和燕山山脉西段，上源一为白河，一为潮河，均流入密云水库。自水库流出后，经人工开凿的潮白新河流经黄庄一带洼淀，至北塘入海，全长 458 千米。北运河源于北京市昌平区北部山区，上源名温榆河，通州区以下始称北运河；其水量分别由青龙湾河、筐儿港减河汇入潮白新河或永定新河，注入渤海，全长约 180 千米。北支流域总面积 2.96 万平方千米。

②永定河。上源一为桑干河，一为洋河，分别源于晋西北和内蒙古高原南缘，二河均流经官厅水库，出水库后始名永定河，至屈家店与北运河汇合，大部分洪水经永定新河由北塘入海。全长 681 千米，流域面积 5.08 万平方千米（至屈家店），90% 为山区。河流含沙

量大，官厅站多年平均年输沙量0.81亿吨，有"小黄河"之称。进入平原后，河道平缓，泥沙淤积，河床高于地面，洪水时易溃决，河道迁徙不定，故历史上称无定河；1698年修筑永定河大堤，河床上游固定，改称永定河。

③大清河。上游五大支流中最短的干流。其上源北支由源于涞源县境的北拒马河（下游称白沟河）和源于白石山的南拒马河组成；南支则有漕河、唐河、大沙河和磁河（后二河汇合后称潴龙河）等10余支流组成，均源于太行山东麓并汇入白洋淀，出淀后始称大清河，至独流镇与子牙河汇合。大清河全长483千米，流域面积3.92万平方千米。

④子牙河。其上游有二：滹沱河，源于五台山北坡的繁峙县内；滏阳河，其上游分支很多，均发源于太行山东坡，源短流急，经宁晋泊与滏阳河相汇。滹沱河与滏阳河于献县汇合后，始称子牙河。子牙河全长747余千米，献县以上流域面积4.63万平方千米。为分泄滏阳河上游洪水，1967—1968年开挖了从艾辛庄至献县的滏阳新河，长134千米，深槽流量250米³/秒，堤间泄水能力3000米³/秒。献县

海河及沿岸景观

以下又开挖了子牙新河，至新旧马棚口入海，长145千米，漫滩行洪6000米^3/秒，解决了子牙河洪水宣泄问题。

⑤南运河。主要为人工河。其上源为漳河和卫河。漳河上源分为清漳和浊漳，两河均源于太行山南段西侧。卫河源于太行山东南麓，流至河南省新乡市纳人民胜利渠，至徐万仓纳漳河后称卫运河，临清以下即名南运河。至天津市静海县十一堡与子牙河相汇，全长1000余千米，流域面积3.07万平方千米。为分泄漳、卫2河洪水，1971—1973年开挖了始于四女寺村长达230千米的漳卫新河，于山东省无棣县二道沟附近入海。

海河水系上游支流繁多分散，下游集中，为典型扇状水系，洪水极易集中；河道容泄能力上大下小，尾闾不畅，如1963年滹阳河洪峰流量达4万多米^3/秒，相当最大安全泄量的200倍，河流进入平原坡度骤减，泥沙淤积，河床垫高，形成地上河或半地上河。人类活动对海河水系变迁影响很大，历代开凿引河，河流改道或分或合的现象比比皆是。

流域概况　海河流域平均年降水量400～650毫米。平原部分大部在600毫米左右。太行山东侧燕山南侧迎风坡，年降水量最丰，为700毫米左右。为海河洪水主要源地之一。燕山北坡和太行山西侧水量渐减，多在500毫米以下。降水年内分配不均，75%～80%集中在6—9月，7、8月占全年降水量的50%～60%，多暴雨，一次降水可占全年总量的2/5以上。年际变化大，如北京110年统计最大年降水量相当于最小年降水量的5.8倍。

海河流域年平均径流量211.6亿立方米，地区分布不均，山地年平均径流深110毫米，而平原仅57.6毫米。太行山南段淇河、坡底、南滚龙沟，北段安各庄水库、班各庄、八道河等处年径流深均在300毫米以上。太行山西侧和燕山北侧年径流深大多在100毫米以

下，其中永定河流域多在 50 毫米以下。平原上的径流深则由西北向东南递减。滹沱河下游、黑龙港地区一带在 25 毫米以下。

流域各河径流变化剧烈。大部分河流有 1/2 ~ 4/5 的年径流集中在 6—9 月，7、8 月形成夏汛，8 月月径流量占全年的 1/4 ~ 2/5。洪水陡涨陡落，遇数水系同时涨水，洪水更集中，峰高量大，难以控制利用，且常形成下游的洪涝灾害；多水年和少水年的径流可相差 5 倍。且有连续丰水和连续枯水的变化规律。海河流域历史上洪、涝、旱、碱等自然灾害频繁而严重。1368—1948 年的 581 年间，曾发生旱灾 407 次，水灾 387 次。从 20 世纪 50 年代起，共兴建大小水库 1900 多座，总库容 265 亿立方米，控制了山区流域面积的 83%。大型水库有官厅、密云、十三陵、岗南、黄壁庄、岳城、王快、西大洋、横山岭等 30 座，建造堤防长度 4300 千米，开挖疏浚 270 条支流河道，50 条骨干河道，新辟了漳

卫新河、子牙新河、永定新河、潮白新河等 8 条入海河道。排洪入海能力 2.5 万米^3/秒，较 50 年代以前提高 8 倍，基本改变了海河水系上大下小、洪沥争道、清浊不分、尾闾不畅的状况，提高了防洪标准，治理了 80% 的平原易涝面积，初步解除了洪沥灾害。在兴建水库同时，又兴建了水电站 119 座，总装机容量 66.28 万千瓦，年平均发电量 17.9 亿千瓦·时。

流域内人口约 9000 万，耕田面积约 0.1 亿公顷。北京、天津均位于流域内。流域内煤、铁、石油等矿产资源丰富，工业发达，盛产小麦、棉花和各种干鲜水果，交通方便。

淮 河

中国东部主要河流之一。淮河流域由淮河水系和泗、沂、沭河水系组成。西起桐柏山和伏牛山，南以大别山和江淮丘陵与长江流域分界，北以黄河南堤和沂蒙山与黄河流域分界。介于北纬 31°～36°，东经 112°～121°。流域东西长约 700 千米，南北平均宽约 400 千米，面积 27 万平方千米，其中淮河水系 19 万平方千米，泗、沂、沭河水系 8 万平方千米。流域西部、南部和东北部为山地丘陵区，面积约占 1/3，其余为广阔平原。

水系概况　淮河流域以废黄河故道为界，分为淮河和泗、沂、沭河两大水系。

①淮河干流源于河南省桐柏山北麓，流经河南、安徽 2 省至江苏省扬州三江营入长江，全长 1000 千米，总落差 196 米，平均比降 0.2‰。河南、安徽 2 省交界的洪河口以上为上游，长 360 千米，流域面积 3 万平方千米，比降 0.5‰；洪河口至洪泽湖出口处的三河闸为中游，长 490 千米，流域面积 16 万平方千米，比降 0.03‰；洪泽湖以下为下游，面积 3 万平方千米，入江水道长 158 千米，比降 0.04‰。淮河中游正阳关是上中游山区洪水汇集处，古有"七十二水归正阳"之说。正阳关以上至洪河口之间，两岸为高岗，中间为一连串的湖泊洼地，较大的有蒙洼、城西湖、城东湖等；正阳关以下至洪泽湖之间，也有一系列湖泊洼地，南侧有瓦埠湖、高塘湖、花园湖、女山湖、七里湖等，北侧有四方湖、香涧湖、沱湖、天井湖等。历史上均为洪水滞蓄地。淮河下游洪泽湖出路除入江水道外，还有苏北灌溉总渠和淮沭河。苏北灌溉总渠直接入海，淮沭河分流入新沂河及废黄河故道。淮河中上游流域面积大于 1000 平方千米的支流有 21 条，

大于2000平方千米的支流有16条。北岸支流源远流长，流域面积大于1万平方千米的有洪汝河、沙颍河、涡河、潆潼河等；其中以沙颍河为最大，流域面积4万平方千米，长619千米。南岸支流都发源于山区或丘陵区，源短流急，较大的有史灌河、淠河、东淝河、池河等，流域面积都在5000～6000平方千米。下游里运河以西各支流均入江水道；以东为里下河和滨海区，各支流直接入海。

②泗、沂、沭河水系发源于山东沂蒙山区。泗河源于新泰市南部太平顶西麓，流经南四湖，汇湖东西诸水后，经韩庄运河、中运河，又汇邳苍地区来水，经骆马湖由新沂河入海。南四湖、骆马湖流域面积分别为3.17万平方千米和5.1万平方千米。沂河源于沂源县鲁山南麓，南流经临沂至江苏境内入骆马湖，流域面积1.16万平方千米。沭河源于沂山南麓，南流至临沭县大官庄分新、老沭河，老沭河南流经江苏新沂市入新沂河，新沭河东流穿马陵山经江苏石梁河水库和沙河故道，至临洪口入海，流域面积5700平方千米。临沂以南，在彭道

行驶在淮河上的运输船队

口闸至大官庄之间开有分沂入沭河道，分泄沂河洪水入沭河；在江风口开有邳苍分洪道，分沂河洪水入中运河。

淮河流域较大湖泊有洪泽湖、南四湖、骆马湖、高邮湖等，其中洪泽湖最大容积 135 亿立方米，为淮河流域最大淡水湖。

气候与水文　淮河流域地处中国南北气候过渡地带。年降水量南部大别山区最大达 1300～1400 毫米，北部黄河故道沿岸最小仅 600～700 毫米。每年 6—9 月份为汛期，降水量占年总量的 60%～70%。冬季降水仅占 8%。多水年的降水量可达少雨年的 3～5 倍，并经常出现连旱年或连涝年。淮河流域汛期多暴雨，造成不同程度的洪水。

淮河流域年平均地表径流深为 231 毫米，年地表径流量为 622 亿立方米，属中国水资源短缺地区。流域内平原地区的浅层地下水较丰，一般在地面以下 60 米内均有较好的含水层，地下水来源由雨水补给。平原区地下水资源量年平均为 296.7 亿立方米。

经济概况　淮河是中国重要的自然地理界线。以南温暖湿润，以北寒冷干燥。淮河流域地处中原，跨豫、皖、苏、鲁 4 省，另有湖北省零星土地。流域有耕地约 0.133 亿公顷，人口 1.3 亿多。农作物淮北以旱粮为主，淮南以水稻为主。经济作物以棉花、花生、油菜、烟叶等为大宗。流域内煤炭资源丰富，全流域已探明的煤炭储量为 518 亿吨。河南的平顶山，安徽的淮南、淮北，山东的兖州、枣庄，江苏的徐州都是全国重点产煤地区。内河航道以京杭运河和淮河干流为骨干，较大支流和下游水网地区都能通航。

历史灾害与变迁　12 世纪前，淮河独流入海，尾闾通畅。宋代时海潮可上溯至江苏省的盱眙县城。泗、沂、沭河均为淮河下游支流。1128 年黄河在李固渡附近向南决口，在徐州以下夺泗河，在淮阴以下夺淮河，并泛及河南省的沙颍

河、涡河和山东省的泗河流域；直到1855年，黄河才在河南省兰考县铜瓦厢北决改走现道。在黄河侵泗夺淮期间，淮河入海故道淤成今废黄河故道，河床高出地面数米，淮河入海口形成新三角洲，海岸线向东推进60千米，成为现今之海岸线。

黄河夺淮600余年，由于黄河泥沙淤积，黄河故道成为淮河与泗、沂、沭河的分水脊，淮河入海尾闾全部淤废，加上明清两代采取蓄清刷黄、引淮济运的治水策略，不断加高加长原来防御淮河洪水的高家堰，形成现今高大的洪泽湖大堤，洪泽湖不断扩大。1851年淮河被迫从洪泽湖东南角冲决三河改道入长江。泗、沂、沭河也由于黄河夺泗夺淮，失去入淮的流路，渐潴水成现今之南四湖和骆马湖。

1938年国民党政府在郑州附近的花园口炸开黄河南堤，造成黄河又一次严重侵淮，到1947年方才堵复。黄河洪水泛滥面积达5万余平方千米，在颍河、涡河之间，河南、安徽2省有2万余平方千米的土地遭泥沙淤积，成为荒无人烟的黄泛区。淮河流域的洪、涝、旱灾频繁。1400—1900年，共发生较大水灾350次，较大旱灾280次，形成"大雨大灾，小雨小灾，无雨旱灾"的困境。

治淮成就　20世纪30年代初，导淮委员会、江苏省先后整治了张福河与淮阴以下的废黄河故道，开挖了七套到套子口间的中山河，整修了淮河干流中游及苏北京杭运河堤防，疏浚了运河浅滩，修建了刘老涧及淮阴100吨级船闸等工程。1949年以来，首先进行了沂、沭河的治理工程，开挖了新沭河和新沂河，使泗、沂、沭河洪水有了出路。1950年起开始全面治淮，根据中央关于"根治淮河"的决定，明确了"蓄泄兼筹"的治淮方针，并成立了治淮委员会。1951年、1956年、1971年先后进行了3次治淮规划。规划内容以防洪、除涝、灌溉为主，并包括水土保持、水力发电、航运等方面。20世纪50年代以来，在山地丘陵区修建了大中小型水库 5300 多座，其中大型水库 35 座，中型水库 150 座，总库容 250 亿立方米。较大的大型水库有安徽的响洪甸、梅山、佛子岭，河南的南湾、鲇鱼山、薄山、宿鸭湖、昭平台、白龟山，山东的岸堤、跋山，江苏的石梁河等。在平原地区利用湖泊、洼地修建蓄洪滞洪区十余处，总库容 280 亿立方米。较大的湖洼蓄洪区有安徽的蒙洼、城西湖、城东湖、瓦埠湖，江苏的洪泽湖、骆马湖，山东的南四湖等。扩大下游地区入江入海出路，淮、泗、沂、沭下游的泄洪能力从原来的 0.9 万米^3/秒，增加到 2.7 万米^3/秒。其中主要的有新沭河、新沂河、苏北灌溉总渠和淮河入江水道。加高加固干支流堤防 1.5 万千米；新挖骨干河道十余条，其中较大的有漴潼河、新汴河、茨淮新河、苏北灌溉总渠、淮沭河、红卫河、洙赵新河、邳苍分洪道等；修建了大量的泄洪、节制、挡潮闸，使淮河中下游达到 40 ～ 50 年一遇的防洪标准，沿海地区海潮不再入侵。平原区约 660 万公顷易涝耕地，已有一半以上达到 3 年一遇以上的除涝标准。在灌溉方面，修建了大量的水库塘坝灌区、河湖灌区和井灌区，全流域灌溉面积从 20 世纪 50 年代初期的 80 万公顷，增加到约 733.3 万多公顷。其中大型水库灌区有淠史杭灌区，是全国丘陵区的最大灌区。河湖灌区中有洪泽湖、骆马湖、南四湖等灌区，加上江苏省江都大型抽水站江水北调工程，可灌溉平原区耕地 133.3 万余公顷。水力发电已装机 28 万千瓦。航运事业有一定发展，已初步形成流域性水运网。

治淮半个多世纪以来，在防洪方面，仅淮河干流和沂、沭、泗水系累计减免的洪灾耕地面积就有 1153.3 万公顷；灌溉、除涝、航运、水力发电等方面的经济效益更为显著。粮食、棉花、油料等产量大幅度增长。苏北地区已成为高产稳产的商品粮基地；水、旱、碱灾害严重的豫东、皖北、鲁西南地区也发生很大变化。

钱塘江

中国浙江省最大河流。古称浙江、浙水、浙河、制河。源出安徽省休宁县西南皖、赣两省交界怀玉山脉中的六股尖东坡（六股尖海拔1629.8 米，源头海拔约 1350 米）。干流流经皖、浙两省，于海盐县澉浦长山东南嘴至余姚市和慈溪市边境的西三闸的连线入杭州湾。全长605 千米，流域面积 4.88 万平方千米。流域地势从西南向东北倾斜，干流依势向东北注入杭州湾。河流呈羽状水系。

干流概况　干流在新安江水电站以上为上游。上源冯村河流经皖南山地，到休宁县鹤城，与源出怀玉山五股尖的梅溪源汇合后，称大源溪。大源溪沿途汇纳的诸支流源短流急。从休宁县流口合小源河至黄山市屯溪区间称率水。到屯溪纳

支流横江后称渐江；在歙县浦口，练江自北注入。浦口至浙江省建德市梅城镇间称新安江。在歙县街口以下属山溪性河流。

新安江水电站至富春江水电站为中游。新安江流至梅城，接纳支流兰江和桐江，三江汇合成"丁"字形。兰江为钱塘江最大支流的一段，也是钱塘江水量的主要来源之一，上游马金溪源出安徽省休宁县南部青芝埭尖北坡。至衢州市双港口纳江山港间称常山港。常山港多流经山区，属山溪性河流。衢州市至兰溪称衢江（又称衢港、信安江），兰溪至梅城间称兰江。衢江流经金衢盆地，河道宽广，水深流缓，出金衢盆地，河床渐见深邃。桐江为梅城至桐庐的一段支流，梅城以下约 7 千米的乌石滩起，进入七里泷峡谷，峡谷全长约 22 千米。富春江水电站建成蓄水后，七里泷江面展宽，原浅滩没入水中；兰江、桐江部分河道形成水库。出七里泷后，江面开阔。

富春江水电站以下为下游。属

钱塘江河口区，受潮水影响。由桐庐到杭州市萧山区闻堰称富春江，河床开阔稳定，水流缓慢，堆积显著，河漫滩发育。闻堰至杭州闸口段，河床宽浅而河道迂回曲折，形如"之"字，故又称之江。闸口以下始称钱塘江，后泛指全河流，以涌潮汹涌为其特征。澉浦以下为杭州湾。下段主要支流右岸有壶源江、浦阳江、曹娥江，左岸有分水江、渌渚江。

气候与水文 钱塘江流域属中亚热带季风气候。年降水量1600～2000毫米，干流上游山地降水量高于中、下游丘陵和平原地区。径流补给以雨水占绝对优势，地下水仅占少量。钱塘江多年平均年径流量431亿立方米，年径流深880毫米。径流季节分配不均，洪枯水流量相差悬殊。大部分地区

钱塘江风光

（干流在富阳以上）降水以 5—6 月最多，河流最大径流量与此同期。衢县（今衢州市衢江区）站 5—6 月径流量占全年总量 42.2%；芦茨埠站占 39.3%。径流年际变幅小，年径流量变差系数 0.28～0.38。钱塘江流域的水蚀模数为 100～500 吨/（千米^2·年）。钱塘江多年平均年含沙量 0.1～0.4 千克/米^3，年输沙量 668 万吨。江水常年清澈，仅在洪水期江水呈混浊状。河水矿化度、硬度和碱度均较低。

钱塘潮 钱塘江潮是世界著名大潮之一。尤以农历八月十八日最壮观。涌潮的形成和地形关系密切。钱塘江怒潮时，海水倒灌，主要由长江挟带大量泥沙，经海水搬运淤积于河口段，为沙坎泥沙的主要来源。同时也使河床抬高，水深日浅，严重影响河口段的航运和水产捕捞养殖之利。为防止潮患，古来即兴建了与长城和京杭运河齐名的海塘工程。

开发与利用 全流域水力资源蕴藏丰富，可开发水电约 205 万千瓦。河口区潮汐能量更大。20 世纪 50 年代以来，对钱塘江进行了梯级开发。兴建了新安江、富春江、黄坛口和湖南镇等水库和水电站。其中新安江水电站总库容 220 亿立方米，装机容量 65 万千瓦；富春江水电站总库容 9.2 亿立方米，装机容量 29.72 万千瓦。黄坛口和湖南镇水电站为对支流乌溪江进行两级梯级开发而建成。

钱塘江兰溪以下为主航道，通航 30～100 吨级船舶。杭州以下仅通航外海小轮。新安江是沟通浙西和皖南的重要航道，航道在新安江大坝中断，上、下分段通航，汽轮溯新安江可达安徽屯溪。其他支流和水库也有距离不等的通航里程。流域内人烟稠密，经济发达。两岸谷地是良好的农耕区。山地盛产木材、毛竹。河口区海涂广阔。

1988 年底，通过杭州城东北角开挖 7 千米长的河道，将钱塘江与京杭运河重新沟通，实现了京杭运河与长江、黄河、淮河、海河、钱塘江五大水系的沟通，扩展水运直达距离400千米，形成了以杭州为中心的水运网。

京杭运河

中国古代南北水路交通的主要通道。自北京起，途经河北、天津、山东、江苏、浙江六省市至杭州的运河。它沟通了海河、黄河、淮河、长江和钱塘江五大水系，全长近1800千米。

分段 京杭运河纵贯南北，所经地区气候、水文、地形、土壤情况各不相同，各河段都有明显的特点。明代把北运河（包括通惠河）、南运河、会通河（包括济宁以南的泗水河段）、黄河航运段、淮扬运河（不同时期又称邗沟、江北运河）、渡江段和江南运河分别称为白漕、卫漕、闸漕、河漕、湖漕、

江漕和浙漕，反映了各段间的不同特性。

古代的京杭运河 沟通江淮的邗沟在春秋末年已经开通。杭州至镇江的江南运河大致在春秋时形成，隋大规模整修，成为隋南北大运河的南段。淮河以北，早期利用泗水通运。南宋时，黄河夺泗水入淮入海，徐州东南就利用黄河河道行运，徐州向北至济宁仍利用泗水作运道。元至元二十年（1283）开济宁以北至安山的济州河，二十六年开会通河从安山至临清接卫河。后来，济州河、会通河统称会通河。临清以北利用卫河（后称南运河）通天津。自天津由北运河至通州，都是天然河道。至元三十年（1293）开通州至北京的通惠河，以北京城内的积水潭为运河的终点，以西山泉水为源。至此，京杭运河全线贯通。因会通河段水源不足，运输量受到限制，明永乐九年（1411），宋礼主持重开，筑戴村坝引汶水至南旺向运河南北分水，形成运河上最重要的水利枢

纽。接着，陈瑄又整修淮扬运河，制定维修制度，运输能力大幅度增加。此后四百多年中，每年漕运江南粮食 400 万石至北京。隆庆元年（1567），为防止黄河泛滥危害运河，开南阳新河，把南阳至留城间的一段从昭阳等湖西移至湖东。万历三十二年（1604），为避免徐州至宿迁段黄河上的航运困难，开泇河，自夏镇（今山东省微山县城）经台儿庄至宿迁西，入黄河。清康熙二十七年（1688），从宿迁至清口开中运河，代替此段黄河运道。至此，运河与黄河完全分离，仅在清口交叉，由借黄行运改为避黄行运，京杭运河最后定型。京杭运河在清口（今江苏省淮安市西）与黄河、淮河相交，是三条河流治理的重点。由于黄河的逐步淤积抬高，造成淮河水排泄困难，黄河水位高时还要倒灌运河和洪泽湖，造成清口过船困难，也使里运河经常受淮水经洪泽湖排泄泛溢的危害。为此，在高邮以下的里运河东堤上修建多座归海坝，在邵伯以下修多条

归江水道和相应的归江坝，排泄淮水归海归江，里运河成为淮河的行水排洪河道。道光年间，船只过清口更加困难。

近代的京杭运河　清咸丰五年（1855），黄河自河南兰封（今兰考）铜瓦厢决口北徙，夺山东大清河入海。从此，黄河不再行经安徽和江苏，与运河改在山东交叉，打乱了京杭运河的总格局，使大量工程失效。随着海运的强化和铁路的兴建，京杭运河作为国家南北交通干线的作用逐渐减小，由全线通航转变为局部分段通航，有的区段已断航。其中北运河和南运河虽也有个别工程兴建和改建，例如建闸和开减河等，但通航也只是局部和小量的。会通河被黄河冲截为两段，北段淤塞，南段水灾连年不断，航运基本断绝。中运河和淮扬运河，由于淮水不能恢复故道，由三河直入长江，运河北段水源几乎断绝，南段可以作地区性航运。民国时期，这两段运河的治理纳入导淮的统一计划中。1933 年完成的

张福河初步疏浚工程自洪泽湖口高良涧起，至运河口马头镇止，全长31千米，解决了淮扬运河的给水问题，使航运和运东各县受益。1934—1935年，建造了邵伯、淮阴、刘老涧三座新船闸，所有运河西堤通湖各缺口一律堵塞，各涵闸一律重新维修，改善了这两段运河的通航条件。江南运河因水量充沛，地区运输又有较多的需要，航运效益一直显著。

现代的京杭运河　从1950年就开始进行运河的恢复和扩建工作，培修沿岸大堤，堵闭旧海堤，整顿和改建沿河闸坝。1958年开始对运河全线进行大规模的整治和建设工程。徐州至扬州段，分设10个梯级，建设了解台、刘山、皂河、刘老涧、宿迁、泗阳、淮阴、淮安、邵伯和施桥等船闸，同时拓宽和加深航道，可通航500吨级船舶。同时扩大了排涝和灌溉面积，收到了航运、灌溉、防洪、排涝的巨大经济与社会效益。黄河以北天津至临清段，结合水利工程，先后建设了杨柳青、四女寺等多座船闸，形成自卫运河新乡经临清至天津全线通航100吨级船舶，在1967年后因水枯而断航。黄河以南至徐州段，其中梁山至济宁的梁济运河，经疏浚河道，建设郭楼船

世界上最长的运河——京杭运河

065

闸。济宁至徐州段，1961 年建设了微山船闸，又利用伊家河河道建设了韩庄、刘庄、台儿庄三个梯级船闸。长江以南，镇江至杭州段，多年来陆续进行了一些局部治理，运输十分繁忙。

1980 年以后，对京杭运河济宁至杭州段又开展了大规模的续建工程。在此期间，徐州蔺家坝至扬州段，建设了皂河、宿迁、刘老涧、泗阳、淮阴、淮安、邵伯和施桥等 8 座复线船闸和蔺家坝船闸，并对全河道进行拓挖，可通航 2000 吨级船舶。同时新建、扩建抽引长江水补水站 8 座。镇江至苏浙省界的苏南运河，建设了谏壁船闸，并进行了全线整治。苏浙省界至杭州段，整治河道，并建设了三堡两线船闸。沟通了运河与钱塘江，连成杭甬运河，至宁波出海。运河济宁至徐州大王庙段，进行浚挖，扩建和建设了韩庄、万年、台儿庄二线等 3 座船闸。

经过多年的治理，京杭运河已改建成连接山东、江苏、浙江三省，沟通淮河、长江、太湖和钱塘江水系 966 千米畅通的航道。运河的建设还提高了沿河地区的防洪、排涝能力，增加了灌溉面积，仅苏北运河段就扩大了灌溉面积 50 余万公顷，排涝面积 400 余万公顷。运河的补水工程还解决了沿河城镇生活和工业用水问题。沿河城镇建设及环境生态条件也得到改善。发挥了运河河道的多功能作用，并为南水北调东线工程的建设奠定了基础。

洞庭湖

中国第二大淡水湖。属构造湖。长江中游重要吞吐湖泊。湖区位于荆江南岸，跨湘、鄂两省，介于北纬 28°30′～30°20′，东经 110°40′～113°10′。湖面海拔 33 米，最深 23.5 米，湖区面积 1.878

万平方千米，天然湖面 2740 平方千米，另有内湖 1200 平方千米。

地质与地貌 洞庭湖是燕山运动断陷形成，第四纪以来，均处于振荡式的负向运动中，形成外围高、中部低平的碟形盆地。盆缘有桃花山、太阳山、太浮山等 500 米左右的岛状山地突起，环湖丘陵海拔在 250 米以下，滨湖岗地低于 120 米者为侵蚀阶地，低于 60 米者为基座和堆积阶地；中部由湖积、河湖冲积、河口三角洲和外湖组成的堆积平原，大多在 25 ～ 45 米，呈现水网平原景观。湖底地面自西北向东南微倾分为西、南、东洞庭湖。

气候与水文 湖区年平均气温 16.4 ～ 17℃，1 月 3.8 ～ 4.5℃，绝对最低气温 –18.1℃（临湘 1969 年 1 月 31 日）。7 月 29℃左右，绝对最高气温 43.6℃（益阳）。无霜期 258 ～ 275 天。年降水量 1100 ～ 1400 毫米，由外围山丘向内部平原减少。4—6 月降雨占年

湖南洞庭湖畔岳阳楼远眺

总降水量的 50% 以上，多为大雨和暴雨；若遇各水洪峰齐集，易成洪、涝、渍灾。

洞庭湖北有分泄长江水流的松滋、太平、藕池、调弦（1958 年堵口）"四口"；东、南、西三面有湘江、资水、沅江、澧水等直接灌注入湖，形成不对称的向心水系，水量充沛，年径流变幅大，年内径流分配不均，汛期长而洪涝频繁。城陵矶多年平均径流量 3126 亿立方米，最大年（1945）径流量 5268 亿立方米，最小年（1978）径流量 1990 亿立方米。汛期（5—10 月）径流量占年平均径流量的 75%；其中"四口"1164 亿立方米，占汛期径流总量的 48.5%。洞庭湖水位始涨于 4 月，7—8 月最高，11 月至翌年 3 月为枯水期。多年最大水位变幅，岳阳达 17.76 米。素有"洪水一大片，枯水几条线"，"霜落洞庭干"之说。

1954 年长江中游出现特大洪水，洞庭湖尚能削减洪峰，显示湖泊调蓄功能。然而，众水汇聚湖中，仅有城陵矶一口流出，洪水停蓄时间长，泥沙大量沉积，洲滩面积扩展。1956—1995 多年平均入湖泥沙 16 655 万吨，其中来自长江的占 79.5%，来自"四水"的占 18.2%，而城陵矶输出量只占入湖泥沙量的 26%，淤积在洞庭湖的泥沙占入湖泥沙总量的 74%。年平均淤积量较鄱阳湖大十几倍。洲滩面积每年扩展 13.53 平方千米。20 世纪 70 年代以来，"三口"口门淤高，入湖水量减少。西洞庭湖蓄洪能力基本消失，南洞庭湖南移，东洞庭湖东蚀，调蓄功能趋向衰减。

发育过程 先秦 - 汉晋时期，因河流入湖三角洲不断向湖中伸展，湖面分割缩小，湖区边缘出现洲滩与分隔的湖群。4—19 世纪，洞庭湖继续缓慢沉降，洞庭湖水系受长江分流南下影响，洞庭湖一直向东扩展。清道光年间（1825）洞庭湖到达全盛时期，周极 400 余千米，湖面 6000 余平方千米。百余年来，长江数次大水往南溃决，形成"四口"分流局面，江水挟带大量泥沙入湖，加上不合理的围垦，湖泊迅速淤塞萎缩，最快的速度每年缩小面积超过200平方千米。20世纪50年代初缩小到4350平方千米，70年代初仅有2820平方千米，70年代末只剩下1000余平方千米。昔日号称"八百里洞庭"的中国第一大湖，已被分割成许多大小湖泊，其中较大的有东洞庭湖、西洞庭湖、南洞庭湖和大通湖。80年代以来，西洞庭湖和南洞庭湖（北部）正向沼泽化演变。1998年长江全流域性大洪水后，洞庭湖地区开展了大规模的退田还湖，规划2010年湖面将恢复到4350平方千米。

经济概况 洞庭湖区是中国重要的商品粮基地之一，重点淡水渔区之一。湖泊以定居性鱼类为主，有咸淡水洄游性鱼类和江湖半洄游鱼类114种，隶属12目23科70属。以鲤科为大宗，有63种，占55.3%。主要经济鱼类有草、鲢、鳙、鳊、鲂、鳜等12种。芦苇遍布湖洲，面积6万公顷，90%用于造纸。

洞庭湖区有通航河道147条，通航里程3276千米；常年通航河道75条，其中主要航道16条计996千米。湖区周围有岳阳市、益阳市、常德市等工业城市。

洞庭湖区的名胜古迹较多，有岳阳楼、君山、桃花源、屈子祠等，为全国重点风景名胜区。

太 湖

中国第三大淡水湖。大型平原吞吐湖。古称震泽、具区、笠泽。位于江苏省南部、长江三角洲南缘，介于北纬30°56′～31°34′，东经119°54′～120°36′。湖面海拔约3.14米，湖最大长度68.5千米，平均宽34千米，岸线全长405千米，湖水面积2425平方千米。平均水深2.10米，最大水深3.33米。蓄水量51.5亿立方米。

地质与地貌 太湖低平原早在晚更新世末期以前已经成陆。大约到全新世中期，随着气候转暖、海平面上升，山区河流汇聚于今太湖湖区洼地，形成太湖雏形。以后渐次扩大，至宋元以后始趋稳定。

太湖卫星地图

太湖平面形态略呈半圆形，西南部湖岸平滑而呈弧形；东北部湖岸曲折，多湖湾和岬角。太湖入湖水流主要来自西南岸，湖水由东北岸排出，形成自西南向东北的倾斜流。太湖水浅，易于形成风生流。

在这两种湖流作用下，湖水形成一个反时针流向的常年主流带，对西岸和南岸进行侧蚀，最后从东北岸排出。

湖中原有泥盆系砂岩和二叠系灰岩构成的岛屿72座，俗称太湖七十二峰。由于湖泥淤积和人工围垦，尚存大小岛屿40多座，其中西洞庭山最大，面积62.5平方千米。湖内尚有砂质和石质礁滩42处，分布于西太湖中，一般离水面1米左右。

水系 太湖湖区西南为江苏省宜溧山地和浙江省天目山地。山区来水主要纳入荆溪和苕溪入湖，为太湖上游。荆溪又名南溪，收纳宜溧山地和茅山间诸水，到宜兴以东分为60多条港渎，经大浦、百渎等口入湖。荆溪连同其北侧的洮、滆湖水系，历年入湖水量约占入湖总水量58%，集水面积8961平方千米。苕溪又名雪溪，由源于天目山东北坡的东苕溪和西苕溪汇合而成，过湖州市分汊为70多条溇港，经大钱口、小梅口、夹浦口入湖。苕溪水系连同其东侧其它入湖河流，历年入湖水量，约占入湖总水量42%，集水面积5917平方千米。湖区以东的下游，除在苏州、无锡2市附近有少数海拔200～300米的低山丘陵逼近湖岸外，归属长江三角洲平原，地面高程大多在2.5～3.5米；吴江市境内最低处仅1.7米。湖水东出沙墩口、胥口、瓜泾口、南库口、大浦口诸港，分别经由望虞河、胥江、娄江（下游称浏河）、吴淞江（下游称苏州河）、黄浦江等数十条河港泄入长江，洪水期黄浦江泄水量常占总泄水量80%以上。江南运河穿行于湖区东侧，与上列入江河道及太湖下游诸湖群息息相通，吞吐江湖，调节水量。太湖湖区，包括湖面和沿湖低山丘陵的面积共3426平方千米。太湖全流域面积计3.6571万平方千米。

气候与水文　太湖湖区年平均气温15.5～16.5℃，7月平均气温约28.5℃，1月平均气温约3℃。历年绝对最低气温东洞庭山东山镇为-8.9℃（1969年2月9日）。一般年份，湖湾和岛屿背风岸可见2厘米厚的薄冰；如遇大寒之年，可能出现全湖结冰现象，冰厚可达15厘米左右。近650多年来，全湖冰封共10次。湖区年降水量1150毫米，75%～78%集中于4—10月。湖水夏涨冬枯，大抵每年五六月进入汛期，七八月水位最高，一二月水位最低。太湖水位变幅较小，历年为0.7～2.4米，绝对变幅3.04米，水量平衡。

经济概况　岛屿和沿湖低山丘陵是亚热带经济林木和温带果树栽培基地。湖中共有鱼类百种左右，

其中以梅鲚、银鱼、鲤、青、鲫、鲇、鲢、鳙等著名；菱、藕、茭白、莼菜、芡实、蒲草、芦苇等水生作物和水生植物产量亦丰，莼菜为太湖特产。

太湖是江苏省主要内河航道之一，沿湖各市、县均有航道相通。太湖流域是中国著名发达地区，农业丰盛，素称"鱼米之乡"。太湖流域特产有洞庭红橘、白沙枇杷、西山杨梅、无锡水蜜桃、"碧螺春"茶等。重点风景名胜区有蠡园、鼋头渚、东洞庭山和西洞庭山等。

20 世纪 50 年代以来，对太湖流域进行了一系列综合治理。1988 年完成了长山河排涝工程。"八五"期间又完成太浦河、望虞河、杭嘉湖南排工程等 10 项骨干工程。2005 年，以防洪排涝为重点的太湖治理一期工程结束。随着太湖水污染问题的日益突出，2008 年开始整体实施太湖治理项目。

漓 江

位于中国广西壮族自治区东北部，属珠江水系。又称漓水。发源于桂北越城岭猫儿山，上游主流称六峒河；南流至兴安县司门前附近，东纳黄柏江，西受川江，合流称溶江；由溶江镇汇灵渠水，流经灵川、桂林、阳朔，至平乐县，与恭城河汇合，长 164 千米。平乐县以下称桂江，南流梧州市，汇入西江。从桂林到阳朔约 83 千米的水程，是广西东北部喀斯特地形发育最典型的地段，江水清澈，两岸奇峰重叠，是世界上风光最秀丽的河流之一。古今中外，不知多少骚人墨客为漓江的绮丽风光写下了脍炙人口的优美诗文。唐代文学家韩愈曾以"江作青罗带，山如碧玉簪"的诗句来赞美漓江。1982 年，漓江作为山水名胜，以桂林漓江风景名

漓江风光

胜区的名义，被国务院批准列入第一批国家级风景名胜区。

珠 江

中国第三大河。位于中国南部。年径流量仅次于长江，居全国第二位。原指广州至东江口的河段，因河中有海珠岛而得名，后以之称该水系。习惯所称珠江流域系指西江、北江、东江及珠江三角洲广大流域。珠江流域跨越云南省、贵州省、广东省、广西壮族自治区、江西省、湖南省等省区。位于北纬21°31′～26°29′，东经102°15′～115°53′，由东江、北江、西江汇流而成。流域呈扇状辐合，但各水系则呈树枝状分布。主流长2214千米，流域面积45.36万平方千米（其中包括越南境内的1万多平方千米）。

珠江流域山地丘陵占总面积94.5%，平原、盆地占5.5%。地势西北高、东南低。西北部为云贵高原，多喀斯特地貌，高原边缘峰峭崖陡，多瀑布、急流。云贵高原以东，山势骤降至两广低山丘陵，其中矗立大瑶山、大明山、九连山、石硿洞等1000多米高山，喀斯特遍布。丘陵中有南雄、英德、曲江

等较大盆地。丘陵以东为三角洲冲积平原，地势低平，河网纵横，仅有少量丘陵、台地散布其间。

石灰岩约占全流域面积50%。西江中、上游喀斯特地区地下水可分为裸露性和覆盖性两大类。广西境内枯水流量在 0.1 米³/秒以上，流程在 10 千米以上的地下河系共248 条，其中有些呈断头河，已被利用的约半数。区内地下水丰富，有些河段上游断面流量较下游多，许多小流域地下与地表流域面积不一致，产流和汇流过程十分复杂。

干支流概况　主干流西江源于云南沾益县马雄山，全长 2214 千米。总落差约 2130 米，在三水以上流域面积约 35.3 万平方千米。西江干流上游南盘江与北盘江汇合后称红水河，汇柳江过大藤峡后称黔江，黔江与郁江相汇后称浔江，汇桂江后在梧州市以下始称西江。西江经羚羊峡后在思贤滘处与北江沟通，以下便流经珠江三角洲入南海。

北江主源称浈水，源于江西省信丰县西溪湾，干流全长 468 千米，流域面积 4.01 万平方千米，绝大部分在广东省境内，总落差约310 米，主要支流有武水、滃江、连江和绥江。北江中游切过盲仔峡和飞来峡，经三水后流入三角洲河网区，与西江河道交错，注入南海。

东江源于江西省寻乌县大竹岭，称浔乌水，与定南水相汇后称东江，流经广东东部。干流全长520 千米，流域面积 2.7 万平方千米，总落差约 440 米，到石龙后分流，形成东江三角洲，后分为北干流和南支流两大河，同注入狮子洋经虎门出海。主要支流有安远水、浰江、新丰江、秋香江、西枝江和增江。

西江、北江在思贤滘沟通后，形成河网交错的西、北江三角洲，分经 8 个口门出海，自东而西为虎门、蕉门、洪奇沥、横门、磨刀门、鸡啼门、虎跳门和崖门。东江三角洲则以狮子洋相隔，与之组成复合三角洲，三角洲总面积约 1.1 万平方千米，占全流域面积 2% 左右。西、北江三角洲年平均向海外伸延 70～100 米，淤积成广大滩地。在广西壮族自治区兴安县境内，又有兴安运河沟通湘江、漓江。

气候与水文　珠江流域属热带、亚热带季风气候，年降水量 1000～2000 毫米，个别地区可达 3000 毫米，沿海较多，云贵高原较少。多暴雨，雨量集中在夏秋季，在广西中北部常有持久性大暴雨，导致西江大洪水。

流域多年平均年径流量为 3360 亿立方米（1978 年平均），居全国河流的第二位。其中西江年均径流量 2290 亿立方米，约占流域总量的 80%，北江为 429 亿立方米，东江为 237 亿立方米。珠江流域 4—9 月为汛期，流量占全年的 70%～80%，洪水多出现于夏季，下游及三角洲常有较大秋汛。珠江

流经广州市区的珠江两岸景观

流域洪水历时最长半月左右，涨落均较迅速。4—9月汛期中，一般出现洪峰5次，即头造水（农历三月底）、四月八（农历）、龙舟水（农历五月）、慕仙水（农历七月上旬）和中秋水（农历八月后），其中以龙舟水最大。珠江流域有些河段的水位差很大，如西江中游都安站最大水位差39.09米，武宣站25.53米，北江连江口站20.60米。

流域年平均含沙量为0.126～0.344千克/米^3，其中西江为0.344（梧州），北江为0.123（石角），东江为0.148（博罗），年平均输沙总量约为8554万吨。其中西江约7530万吨，占总输沙量90%左右，多来自红水河；北江年平均输沙量约595万吨，占总输沙量5%以上；东江年平均输沙量约429万吨，不及总输沙量的4%。特大洪水时含沙量亦较大，如1968年，西江马口站测得输沙量达1.32亿吨，为平均值的2倍。

珠江流域河水矿化度一般为50～200毫克/升，水化学类型为重碳酸盐钙组水和碳酸盐钠组水。西江中上游河水矿化度较高，约150～200毫克/升，硬度2～3毫克当量/升，属重碳酸盐组水；东江、北江河水矿化度较低，大都在100毫克/升以下，均属重硫酸盐钠组水，河水硬度多在1毫克当量/升以下。

水力资源 珠江全流域理论水力蕴藏量3335万千瓦，理论年发电量2921亿千瓦·时，占全国总量的5.8%。流域水力资源大部分在西江，理论蕴藏量2943万千瓦，占全流域88%；可开发量2117万千瓦，占全流域86%。其余各江及三角洲理论蕴藏量仅占12%，可开发量为14%。珠江水力资源特点为高度集中，有利于系统开发。如从贵州（南盘江）到广西武宣，干流长1143千米，集中落差达692米，流量4000多米^3/秒，地质条件宜于建坝址的天生桥高低坝、岩滩、龙滩、大化、百龙滩、恶滩、十五滩、大藤峡、鲁布革等处，可建成一组梯级发电系统，装机总量

1300万～1500万千瓦，年发电量达500亿～600亿千瓦·时。已建和在建的大发电站，如经水河大化站，装机容量40万千瓦，发电量20.6亿千瓦·时；东江新丰江发电站，装机容量29.25万千瓦，发电量11.7亿千瓦·时。其余较大水电站有北江长湖站、广东流溪河站、增江天堂山站、广西澄碧河站和西津站等。流域多山地丘陵，支流落差大，水量又充沛，故小水电资源丰富。流域中已开发农村小水电站2万多座，总装机容量486万千瓦。流域内的大水电站年发电总量达200多亿千瓦·时。

人文概况　全流域通航里程约1.29万千米，占全国航运里程1/4，5000吨级海轮可直达黄埔港。北江支流小北江（连江）先后建成了9个航运梯级，成为全渠化河道。

珠江流域总人口7500多万，其中农业人口占5857万，民族以汉族最多，少数民族则以壮族和苗族较多，此外有瑶、布依、毛南、彝、黎等10个民族。

自然资源　耕地440多万公顷，水田占60%左右，为中国主要农林产区和热带、亚热带作物基地，全国主要商品粮基地。蔗糖产量约占全国1/2，热带作物有橡胶、油棕、咖啡、可可、剑麻和香茅等。

珠江流域淡水鱼约有250种，除鲤、鲫、鳊、青、草、鲢、鳙、鳜、花鲭、鲅、鲶、皖、黄颈等鱼类外，尚有该流域独有的鲮鱼、卷口鱼。流域河道又多洄游鱼类，如鲥鱼、鲚凤、鲦、鲼鱼、鳗鲡、花鳗、鲈、鲻等。还有重达数百斤的中华鲟。珠江三角洲下游河口区还有丰富的蚬、青蟹、沙虾及人工养殖的牡蛎。

珠江流域有煤、锰矿、硫铁矿、铁矿及铝、锰、钨、锡、锌等矿产资源。谷地和平原多分布在郁江、浔江、西江沿岸和东江、北江中下游。三角洲平原为珠江流域粮食基地，为塘鱼、海产、蔗糖、桑蚕、三鸟（鸡、鸭、鹅）和各种经济作物的主要产地。

闽 江

中国东南沿海诸河中流域面积最大的河流，也是福建省最大河流。发源于武夷山脉杉岭南麓，全长577千米，流域面积6.1万平方千米，约占全省面积的一半。流域地势自西北向东南作波浪式下降，支流集中分布在武夷山和鹫峰山－戴云山－博平岭两列山脉之间，整个水系呈扇形，而干、支流之间又呈格状。上、下游河谷形态和流域面积倒置现象十分明显。

闽江以南平以上为上游，南平至安仁溪口为中游，安仁溪口以下至河口为下游。①上游。有建溪、富屯溪和沙溪三大支流，流域面积约占闽江全流域面积的70%，其中又以建溪流域面积最大，约占全流域面积的1/4以上；沙溪和富屯溪流域面积大致相当。三溪流经一连串盆地，盆谷与峡谷相间排列，为水利建设提供了良好的库址和坝址。在峡谷河段，江面狭窄，河床中多礁石，水流湍急；在宽谷河段，江面宽阔，水流缓慢，形成漫滩、平原和数级阶地。建溪上游有崇阳溪、南浦溪和松溪三源，分别发源于武夷山脉、仙霞岭和洞宫山（浙江）－鹫峰山。崇阳溪与南浦溪在建瓯市丰乐附近汇合后，东南流经建瓯城关附近与松溪合流，始称建溪。建溪自南平以上全长294千米。富屯溪支流较少，最大支流金溪的长度和集水面积约大于富屯溪，为闽江的一级支流。沙溪长328千米，均超过建溪、富屯溪（或金溪）。根据"河源唯长"的原则，沙溪为闽江正源。沙溪发源于武夷山脉杉岭南麓，在建宁县均口乡台田村附近称水茜溪，至渔潭称东溪；流经宁化城东纳武义溪后，称九龙溪，流至永安市纳文川溪后，始称沙溪；在沙溪口与富屯溪相汇，在南平与建溪汇流后称闽江。闽江在南平一段，又称剑江。

②中游。流域面积约占全流域的16%，河谷形态为连续性大峡谷，长近100千米。因横切鹫峰山－戴云山，河流比降大，河床多礁滩。汇入的支流不多，但均有较大落差。③下游。流域面积仅及全流域的14%。其中淮安以下为感潮河段。河道在淮安分为南、北两港，北港经福州流向马尾，南港纳木樟溪后，在马尾与北港汇流，出闽安镇峡谷后分为两大支，北大支为主航道，在长门又分三支注入东海。

闽江径流丰富，多年平均年径流量为551亿立方米（竹岐站），竹岐以下又有大樟溪等支流，年平均径流量可达623.7亿立方米，在全国居第7位。最大流量与最小流量相差150倍。闽江流域自然资源丰富。森林蓄积量2.86亿立方米，占全省的66.5%。毛竹蓄积量约占全省毛竹总积蓄量的3/4。主要矿产有煤、铁、石灰岩、硫铁矿、重晶石，以及钨、铌、钽等。闽江水系可供发电的装机容量468万千瓦，

闽江景色

已开发的有古田溪水电站、沙溪口水电站和水口水电站，水口水电站装机容量为 140 万千瓦。闽江系山区型河流，航道滩多流急，航槽窄，弯曲半径小，航运能力较低。闽江上游及主要支流只能通行小型机帆船。南平至水口通 60 吨级客货轮，戴洋至马尾通 300 吨级顶推船队，马尾以下通 6000 吨级海轮。

渤 海

深入中国大陆的近封闭型浅海。南、北、西三面环陆，东面以北起辽东半岛南端的老铁山角、南至山东半岛北端的蓬莱角一线与黄海分界。渤海东北－西南向纵长约 555 千米，东西向宽约 346 千米，面积为 7.7 万平方千米，平均深度为 18 米，最深处仅 70 米（位于老铁山水道西侧）。在临近中国诸海中，面积最小、深度最浅。海区北、西和南面分别为辽东湾、渤海湾和莱州湾。主要岛屿有庙岛群岛、长兴岛、凤鸣岛和菊花岛等。注入渤海的河流主要有黄河、海河、滦河和辽河等，年径流总量达 888 亿立方米，其中黄河的年径流量约占 1/2。

地质地形

渤海是中国近海大陆架上的浅海盆地，由于黄河等河带来大量泥沙堆积，所以深度较浅。深度小于 30 米的海域占总面积 93%。海底地势平坦，地形类型单一，全海域海底地形可分为 5 部分。

渤海海峡 位于辽东半岛南端的老铁山角与山东半岛北端的蓬莱角之间，南北宽约 105 千米。海峡北部的老铁山水道，是黄海海水进入渤海的主要通道。由于过水断面窄、流急，海底被冲刷出一条 U 形深槽。深槽北端分布着指状排列的 6 道水下沙脊，通称"辽东浅滩"。

辽东湾 位于长兴岛与秦皇岛

一线以北。该湾是个处于两条大断裂之间的地堑型凹陷，中部地势平坦，东西两侧比较复杂。在沙质海滩外围有与海岸平行的水下沙堤。河口大多有水下三角洲。辽东湾东侧有一长约180千米的水下谷地，是沉溺于海底的古辽河河谷。

渤海湾和莱州湾　渤海西、南部的两个凹陷区，之间被黄河三角洲隔开。地形平缓单调。渤海湾北部为深水区，有一条由潮流作用而形成的水下谷地；莱州湾在蓬莱以西有大片沙质浅滩与沿岸沙嘴。黄河口外有巨大的水下三角洲发育。

中央盆地　位于三个海湾与渤海海峡之间，是一个北窄南宽、近似三角形的盆地，中部低而东北部稍高，构造上是一个地堑型凹陷。

渤海第四纪沉积厚度达300～500米。沉积物主要来自河流携带入海的陆源物质。辽东湾以粗粉砂、细砂为主，渤海湾以软泥（粉砂和黏土质）为主，莱州湾则以粉砂质占优势。辽东浅滩上分布着分选良好的细砂，海峡北部海底为砾石、粗砂等残留沉积物。

渤海为中、新生代沉降盆地，基底是前寒武纪变质岩。中部地壳厚度为29千米，向四周增厚至31～34千米。继中生代沉陷发育阶段之后，古近纪渤海地区开始新的断裂下沉，形成一系列湖泊与洼地。晚第三纪，全海区大规模下沉。中央盆地系上第三系沉积中心，新生代沉积厚度近万米。晚第四纪时，渤海有数次海侵，直至晚更新世末与全新世初，由于气候转暖，世界洋面普遍上升，海水从渤海海峡大量涌入，形成了现代的渤海。

气　候

受季风影响，海区冬季干寒而夏季湿暖。冬季，主要受亚洲大陆高压和阿留申低压活动的影响，多偏北风，平均风速6～7米/秒。1月，6级以上大风频率超过20%，强偏北大风常伴随寒潮发生，风力可达10级，气温剧降，间有大雪，是冬季主要灾害性天气。春季，受中国东南低压和西北太平洋高压

活动的控制，多偏南风，平均风速4～5米/秒。夏季，大风多随台风和大陆出海气旋而产生，风力可达10级以上，且常有暴雨和风暴潮伴生，是夏季的主要灾害性天气。渤海海峡是本海区内的大风带，风力通常比其他区域大2级左右。

渤海气温变化具有明显的"大陆性"，1月平均气温为-2℃，4月为7～10℃，7月为25℃，10月为14～16℃，年较差达27℃。年降水量为500毫米左右，其中一半集中于6—8月。4—7月多雾，尤以7月最多。平均每年有20～24个雾日，且东部多于西部。春夏季节，渤海沿岸（如蓬莱）有时会出现"海市蜃楼"的奇景。

水 文

环流 环流和水系大体是由高盐的黄海暖流余脉和低盐的渤海沿岸流组成。除夏季外，从海峡北部入侵的黄海暖流余脉，一直向西延伸到渤海西岸，受海岸阻挡而后分成南、北两股：北股，沿辽西近岸北上，并且与循辽东沿岸南下的辽东沿岸流构成一顺时针方向的弱环流；南股，在渤海湾沿岸转折南下，汇入自黄河口沿鲁北沿岸东流的渤海沿岸流，从海峡南部流出渤海。夏季，辽河冲淡水受东南风影响，沿辽西沿岸南下，而黄海暖流余脉于海峡西北分出一股循辽东沿岸北上，构成一逆时针方向的弱环流；另一股则继续向西，于鲁北沿岸汇入渤海沿岸流，然后一并向东流出渤海。渤海环流的变化受制于气候条件，冬强而夏弱。通常流速只有10厘米/秒左右，冬季稍强，有时可达20厘米/秒。冬季，黄河径流量甚小，对本区水文分布影响不显著。夏季洪期（6—8月）可携带大量泥沙入海，在黄河口附近形成一指向东北的混浊冲淡水舌。其西分支则沿渤海湾向西北扩展，经海河口达南堡一带，这对渤海湾顶的淤积至关重要。

温度和盐度 渤海的水温分布受周围陆地和气候的影响十分显著。冬季，水温在垂直方向均匀分布；在水平方向上，等温线分布略与海岸线平行，自中部向四周逐渐递减，同时因受黄海暖流余脉的影响，东部水温高于西部。1月水温最低，三大海湾的水温均低于 -1℃，且于每年1—2月出现短期冰盖，此时深水区表面水温为 0 ~ 2℃。夏季，表面水温分布较均匀。8月，莱州湾和渤海湾水温最高，沿岸区可达 28℃，而辽东湾东南部一些海区水温可以低于 24℃。表层水温的年变幅达 28℃左右。夏半年，出现明显的海水分层现象，特别在海峡附近的深水区，上层为高温低盐，下层为低温高盐，二者之间出现强跃层。

渤海盐度很低，年平均值仅30.0，东部略高，平均约31.0，近岸区只有26.0左右。盐度的分布变化主要决定于渤海沿岸水系的消长。冬季，沿岸水系衰退，等盐线大致与海岸平行。由于黄海暖流余脉的高盐水舌向西延伸范围扩大，本区盐度分布为东高西低。盐度的垂直分布像水温分布一样，呈均匀状态。夏季表层盐度随入海河川径流量的增加而降低。8月海区中部盐度尚不到30.0，河口区常低于24.0。洪期，黄河冲淡水舌可及渤海中部，盐度仅22.0左右，透明度不足2米，但在此低盐水舌之下仍为高盐水所占据。近年来，由于黄河水量锐减，渤海盐度有升高趋势。

海冰 冬季，渤海由于强寒潮频繁侵袭、水温降低而出现结冰现象。自11月中、下旬至12月上旬，沿岸从北往南开始结冰；翌年2月中旬至3月上、中旬由南往北海冰渐次消失，冰期约为3个多月。1—2月，沿岸固定冰宽度一般在距岸1千米之内，而在浅滩区宽度约5 ~ 15千米，常见冰厚为10 ~ 40厘米。河口及滩涂区多堆积冰，高度有的达2 ~ 3米。在固定冰区之外距岸20 ~ 40千米内，流冰较多，分布大致与海岸平行，流速为50厘米/秒左右。

海浪 以风浪为主，具有明显的季节性。10月至翌年4月盛行偏北浪，6—9月盛行偏南浪。风浪以

冬季为最盛，波高通常为 0.8～0.9 米，寒潮侵袭时可达 3.5～6.0 米。周期多半小于 5 秒。1 月平均波高为 1.1～1.7 米。夏秋之间，偶有大于 6.0 米的台风浪。海浪以渤海海峡和中部最大，平均为 0.8～1.9 米。辽东湾和渤海湾较小。渤海的多年平均波高多为 0.1～0.7 米。

潮汐和潮流　渤海具有独立的旋转潮波系统，其中半日潮波（M2）有两个，全日潮波（K1）有一个。半日分潮占绝对优势。渤海海峡因处于全日分潮波"节点"的周围而成为正规半日潮区；秦皇岛外和黄河口外两个半日分潮波"节点"附近，各有一范围很小的不规则全日潮区。其余区域均为不规则半日潮区。潮差为 1～3 米。沿岸平均潮差，以辽东湾顶为最大（2.7 米），渤海湾顶次之（2.5 米），秦皇岛附近最小（0.8 米）。海峡区的平均潮差约为 2 米。潮流以半日潮流为主，流速一般为 50～100 厘米／秒，最强潮流见于老铁山水道附近，达 150～200 厘米／秒，

辽东湾次之，为 100 厘米／秒左右；最弱潮流区是莱州湾，流速约为 50 厘米／秒。

生物区系及矿产

生物区系属北太平洋区东亚亚区，为暖温带性，以温带种占优势，有一定数量的暖水种成分。鱼类区系是黄海区系的组成部分，共有鱼类约 150 种，其中暖温带种占半数以上，暖水种次之。主要经济鱼类有小黄鱼、带鱼、黄姑鱼、鲥鱼、真鲷和鲅鱼等。浮游生物区系也属北太平洋温带区东亚亚区，多为广温、低盐种。最重要的浮游生物资源是中国毛虾，居中国临近各海区首位。底栖动物属于印度－西太平洋区系的暖水性成分。虾、蟹和双壳类软体动物，密布于三大海湾。其中最著名的是对虾。三疣梭子蟹的产量也居中国临近各海区之冠。主要经济贝类有毛蚶、大连湾牡蛎、蛤类、贻贝及扇贝等。另外，还盛产名贵的刺参。渤海沿岸因多泥滩和沙滩，植物区系组成种

类贫乏，其中以沿岸种占优势。底栖植物资源主要是海带、紫菜和石花菜等。

渤海是华北盆地的新生代沉降中心，发育有产状较平缓的近万米新生代沉积层。含油气远景大。

黄　海

中国大陆与朝鲜半岛之间，全部为大陆架所占的浅海。因古黄河曾自江苏北部沿岸汇入黄海，海水含沙量高，水呈黄褐色，因而得名。西面和北面与中国大陆相接，西北面经渤海海峡与渤海相通，东邻朝鲜半岛，南以长江口北岸的启东嘴与济州岛西南角连线同东海相接。山东半岛深入黄海之中，其顶端成山角与朝鲜半岛长山串之间的连线，将黄海分为南、北两部分。黄海面积约38万平方千米，平均深度44米，最大深度位于济州岛北侧，为140米。

黄海东部和西部岸线曲折、岛屿众多。山东半岛为港湾式沙质海岸，江苏北部沿岸则为粉砂淤泥质海岸。主要海湾西有胶州湾、海州湾，东有朝鲜湾、江华湾等。主要岛屿有长山列岛以及朝鲜半岛西岸的一些岛屿。注入黄海的主要河流有淮河水系诸河、鸭绿江和大同江等。

地质地形

海底地势比较平缓，地貌呈多种形态。北部（胶州湾以北）中央略偏东处，有一狭长的水下洼地（又称黄海槽），自济州岛伸向渤海海峡，深度自南向北逐渐变浅。洼地东面地势较陡，西面较平缓。北部从鸭绿江口到大同江口之间的海底，分布着大片呈东北走向的潮流脊。在北纬38°以南的黄海两侧，还分布有宽广的水下阶地。黄海南部的海底发育着大型潮流脊群。它们是在古黄河－古长江复合三角洲的基础上，经潮流的长期冲刷而

成。苏北沿岸潮流脊群南北长约200千米，东西宽约90千米，由70多个大小沙体组成。

表层沉积物为陆源碎屑物，局部地区有残留沉积。沿岸区以细砂为主，间有砾石等粗碎屑物质。东部海底沉积物主要来自朝鲜半岛，西部系黄河和长江的早期输入物。中部深水区是泥质为主的细粒沉积物，主要是黄河输入的物质。

黄海基底由前寒武纪变质岩系组成。北部属于中朝准地台的胶辽隆起带，在第三纪时基本上处于隆起背景。南黄海在新生代时经受了大规模的断陷，接受了巨厚的沉积。海域内的主体构造走向为北北东，由大致平行相间排列的隆起带与拗陷带（盆地）组成。胶辽隆起带和南黄海－苏北拗陷带构成了黄海的海底构造骨架。晚近地质时期以来，黄河、长江带来丰富的泥沙填没了构造拗陷、水下谷地，从而形成了现在宽广、平坦的大陆架。第四纪以来冰期、间冰期更迭交替、海面频繁升降，使大陆架多次

成陆，又多次受到海侵。最后一次海侵是在距今2万～1.5万年间开始的。距今6000年左右，海面才上升到接近现在的位置。

气候 受季风影响，黄海冬季寒冷而干燥，夏季温暖潮湿。10月至翌年3月，盛行偏北风，北部平均风速6～7米/秒；南部平均风速8～9米/秒。常有冷空气或寒潮入侵，强冷空气能使黄海沿岸急剧降温。4月为季风交替季节。5月，偏南季风开始出现。6—8月，盛行南到东南风，平均风速5～6米/秒。常受来自东海北上的台风侵袭。黄海海区6级（10.8～13.8米/秒）以上的大风，四季都有出现，但以冬季强度大，春季次数多。

黄海平均气温1月最低，为-2～6℃，南北温差达8℃；8月最高，平均气温全海区25～27℃。平均年降水量南部约1000毫米，北部为500毫米；6—8月为雨季，降水量可占全年的一半。冬、春季和夏初，沿岸多海雾，尤以7月最多。黄海西部成山角至小麦岛，北部大

鹿岛到大连，东部从鸭绿江口、江华湾到济州岛附近沿岸海域为多雾区。其中成山角年平均雾日为83天，最多一年达96天。最长连续雾日有长达27天的记录，有"雾窟"之称。

水　文

环流　从整体来看，黄海海流微弱。表层流受风力制约，具有风海流性质。黄海环流主要由黄海暖流（及其余脉）和黄海沿岸流组成。黄海暖流是对马暖流在济州岛西南方伸入黄海的一个分支，它大致沿黄海槽向北流动，平均流速约10厘米/秒。它是黄海外海水的主要来源，具有高盐（冬季兼有高温）特征。当它进入黄海北部时已成为余脉，再向西转折，经老铁山水道进入渤海时，势力已相当微弱。

黄海沿岸流是黄海沿岸流系（西朝鲜沿岸流、辽南沿岸流、苏北沿岸流等）中的一支，具有低盐（冬季兼低温）特征。流速小于25厘米/秒。它上接渤海沿岸流，沿山东半岛北岸东行，绕过成山角后沿40～50米等深线南下，在长江口北转向东南，其前锋有时可达北纬30°附近。流幅变化随区域而异：山东半岛北岸流幅较宽，可达50余千米；在成山角一带，流幅变窄，流速增大，越过成山角后流速剧减；自海州湾往南，流速又渐增，至北纬34°附近，增至25厘米/秒左右。黄海暖流和黄海沿岸流构成气旋式的流动，流向终年比较稳定，流速夏弱冬强。夏季的北黄海，此气旋式的流动因黄海冷水团密度环流的出现而趋于封闭。

水团　沿岸水团、渤黄水团、黄海水团和黄海冷水团是黄海最基本的4类水团。黄海沿岸水团系指黄海沿岸20～30米等深线以内的水体。其中主要有北黄海沿岸水、西朝鲜沿岸水、苏北沿岸水和长江冲淡水。沿岸水的共同特征是：盐度终年较低（大多数低于32.0）、海水混浊，水团的水平范围夏大而冬小，但厚度是夏浅而冬深。

黄海水团分布在沿岸水团之外

的黄海整个区域，其南端可进入东海。它是由进入黄海的外海水与沿岸水混合后，在当地水文气象条件的影响下形成的水团。冬半年（11月至翌年3月），水团呈垂直均匀状态，温度为3～10℃，盐度为32.0～34.0。夏半年（4—10月），由于增温降盐作用，出现明显的跃层。黄海水团被跃层明显地分为上、下两层。上层为高温（25～28℃），低盐（31.0～32.0）水，厚度为15～35米，仍然称为黄海水团；下层为低温（6～12℃），高盐（31.6～33.0）水，称为黄海冷水团。黄海冷水团以成山角至长山串连线为界，被分成南、北两个部分。黄海冷水团的边缘部分，夏季形成气旋式密度环流。环流速度自冷中心向外逐渐增大，约为20～30厘米/秒。

温度和盐度　黄海的温度、盐度地区差异显著，季节和日变化较大。由南向北，由中央向近岸，温度、盐度几乎均匀地下降。海区东南部，表层年平均温度为17℃，盐度通常大于32.0；北部鸭绿江口，表层年平均温度小于12℃，盐度一般小于28.0，为全海区盐度最低者。冬季，随着黄海暖流势力加强，高温高盐水舌一直伸入黄海北部，形成近岸温、盐度较低（温度0～5℃，盐度31.0～33.0）、中部较高（温度4～10℃，盐度32.0～34.0）的态势。温度、盐度的垂直分布均匀一致。夏季，上层水的温度升至最高，全区盐度普遍降低。表层水温南部略高于北部。表层盐度，中部约为31.0，鸭绿江口和长江口外形成低盐（盐度值分别小于23.0和小于5.0）水舌。

黄海温跃层最强而盐跃层最弱。温跃层主要是海面增温和风混合引起的季节性跃层，即"第一类跃层"，有时也出现"双跃层"。盐跃层主要由两种温盐性质不同的水团叠置形成，即"第二类跃层"。黄海的温跃层，4—5月开始出现，跃层深度多在5～15米之间；7—8月，达到最强，深度一般小于10米；9月以后开始衰退，到11月则基本上消失。强温跃层区位于北黄海中部和青岛外海。强盐跃层区出现在长江冲淡水区和鸭绿江口外。

潮汐和潮流 自南部进入黄海的半日潮波与山东半岛南岸和黄海北部大陆反射回来的潮波互相干涉，在地转偏向力的影响下，形成了两个逆时针向旋转的潮波系统。无潮点分别位于成山角以东和海州湾外。黄海大部分区域为规则半日潮，只有成山角以东至朝鲜大青岛一带和海州湾以东一片海区，为不规则半日潮。潮差东部大于西部。海区东部潮差一般为 4 ～ 8 米，仁川港附近最大可能潮差达 10 米，是世界闻名的大潮差区之一。海区西部潮差一般为 2 ～ 4 米（成山角附近不到 2 米），但江苏沿海部分水域潮差较大，平均潮差可达 3.9 米以上；最大可能潮差，在小洋口近海达 6.7 米，长沙港北为 8.4 米。

潮流，除烟台近海和渤海海峡等处为不规则半日潮流外，其他区域为规则半日潮流。海区东部流速大于西部。强潮流区位于朝鲜半岛西端的一些水道，曾观测到最大流速为 4.8 米 / 秒；其次为西北部的老铁山水道，最大流速达 2.5 米 / 秒以上。吕泗、小洋口及斗龙港以南水域，潮流亦较强，最大可能潮流流速可达 2.6 米 / 秒以上。

海浪 北部一般以风浪为主，南部则多见涌浪。从 9 月至翌年 4 月，海区以北浪为主。6—8 月，海区以南浪占优势。风浪秋冬两季最大，浪高为 2.0 ～ 6.0 米；当强大寒潮过境时，浪高有时达 3.5 ～ 8.5 米。春、夏季风浪稍小，一般为 0.4 ～ 1.2 米。如有台风过境，浪高则可达 6.1 ～ 8.5 米。夏季台风来临时在南黄海西部沿岸曾观测到 8.5 米的波高。大浪区出现在成山角和济州岛附近海区。黄海的涌浪，夏、秋季大于冬季，浪高一般多为 0.1 ～ 1.2 米，受台风侵袭时，可出现 2.0 ～ 6.0 米的涌浪。

生物区系及资源 黄海的生物区系属于北太平洋区东亚亚区，为暖温带性，其中以温带种占优势，但也有一定数量的暖水种成

分。海洋游泳动物中鱼类占主要地位，共约300种。主要经济鱼类有小黄鱼、带鱼、鲐鱼、鲅鱼、黄姑鱼、鳓鱼、太平洋鲱鱼、鲳鱼、鳕鱼等。此外，还有金乌贼、日本枪乌贼等头足类及鲸类中的小鳁鲸、长须鲸和虎鲸。浮游生物，以温带种占优势。其数量一年内有春、秋两次高峰。海区东南部，夏、秋两季有热带种渗入，带有北太平洋暖温带区系和印度－西太平洋热带区系的双重性质。基本上仍以暖温带浮游生物为主，多为广温性低盐种，种数由北向南逐渐增多。最主要的浮游生物资源是中国毛虾、太平洋磷虾和海蜇等。在黄海沿岸浅水区，底栖动物在数量上占优势的主要是广温性低盐种，基本上属于印度－西太平洋区系的暖水性成分。但在黄海冷水团所处的深水区域，则为以北方真蛇尾为代表的北温带冷水种群落所盘踞。底栖动物资源十分丰富，最重要的是软体动物和甲壳类。经济贝类资源主要有牡蛎、贻贝、蚶、蛤、扇贝和鲍

等。经济虾、蟹资源有对虾（中国对虾）、鹰爪虾、新对虾、褐虾和三疣梭子蟹。棘皮动物刺参的产量也较大。黄海的底栖植物可划分为东、西两部分，也以暖温带种为主。西部冬、春季出现个别亚寒带优势种；夏、秋季还出现一些热带性优势种。底栖植物资源主要是海带、紫菜和石花菜等。黄海生物种类多，数量大。形成烟台－威海、石岛、海州湾、连青石、吕泗和大沙等良好的渔场。

南黄海盆地有巨厚的中、新生代沉积，具有很好的油气资源远景。其他矿产资源主要有滨海砂矿，现已进行开采。山东半岛近岸区还发现有丰富的金刚石矿床。

东 海

濒临中国大陆的边缘海。又称

东中国海。西邻中国大陆，北以长江口北岸的启东嘴和济州岛西南角连线与黄海相接，东北部以济州岛—五岛列岛—长崎半岛南端连线为界，并经对马海峡及朝鲜海峡与日本海相通。东以九州岛、琉球群岛和台湾诸岛连线与太平洋相隔。南以福建、广东省交界的东山岛南端至台湾猫鼻头连线与南海为界。面积约77万平方千米，平均深度约为370米，最大水深2719米（位于台湾东北方的冲绳海槽中）。

东海有众多岛屿和海湾。沿岸的最大海湾为杭州湾。流入东海的河流主要有长江、钱塘江、闽江、瓯江和浊水溪等。其中以长江的径流量最大。

地质地形

海底自西北向东南呈台阶式加深。台湾与五岛列岛连线西北侧基本上属于大陆架浅海区，东南侧则为大陆坡和海槽半深海区。

地形 东海大陆架面积约占总面积的2/3，是世界上最宽的大陆架之一。海底向东南缓倾。杭州湾以北，有一个规模巨大的水下三角洲平原，一直北伸到海州湾。在水深100～110米、120～140米和150～160米等处，均残留有古海岸线的遗迹。从长江口水下三角洲向外，沿断裂带发育有长江古河道遗迹。大陆坡位于大陆架东南侧外缘，水深150～1000米，底部是冲绳海槽，呈北东向走向，北浅南深。海槽两坡陡峭，剖面呈U形，沿坡发育有水下峡谷，峡谷出口处堆积有海底扇。谷底平缓，海底具有火山喷发形成的海山。

海底沉积 自西向东分为与海岸线平行的三个带。近岸为细粒沉积物带，由粉砂、泥质沉积物等组成；中间粗粒沉积物带，由砾石、中砂、细砂等组成，其中细砂面积最大；外海为细粒沉积物带。济州岛西南有泥质的细粒沉积物，呈椭圆形分布。冲绳海槽底部为一片黏土质泥。东海海底火山沉积物分布极广。琉球群岛附近的沉积物则以砂、砾石、珊瑚及石枝藻等为主。

海底地质构造 大致由三个隆起带（浙闽隆起带、东海陆架边缘隆褶带和琉球岛弧带）和两个拗陷带（东海陆架拗陷带和冲绳海槽张裂带）所组成。有三个主要地震活动带：台湾东部－琉球群岛强地震带（是环太平洋地震带的一部分，活动频繁，震级较高），台湾西部海域地震带和福建沿海地震带。陆架边缘隆褶带产生于第三纪，成为大陆架的边缘堤坝，阻拦了各大河搬运来的泥沙，使之沉积在西侧的陆架拗陷带内，形成黄、东海堆积型大陆架。冲绳海槽内发育正断层和地堑构造，热流值很高。海槽南部地壳厚度仅 15 千米。

气候 东海海区纵跨副热带和温带。冬季主要受亚洲大陆高压的控制，夏季主要受中国东南部低压和太平洋西北部高压的影响。

风 冬季，大部分海面以北、东北风为主，平均风速 9～10 米/秒，北部济州岛附近是强风速区；寒潮侵袭时，冷锋过后常出现 6～8 级北到东北大风，并伴有明显降温。影响东海的温带气旋，大部分生成于台湾以东和以北海面，然后向东北方向移动，以冬、春季节出现最频。严冬时，东海在黑潮及对马暖流流经处，海面大量失热，向大气的输热量平均可达 1000 卡/（厘米^2·日）以上。此时，由于海洋向冷气团输送大量热能，气团明显变性。

夏季，整个海区以南风和偏南风为主，平均风速较弱，仅 5～6 米/秒。此时，影响中国近海的热带气旋多取道东海北上。平均每年通过强台风和台风 5～6 个，最多年可达 14 个。一般在 4—11 月都有通过，但以 6—9 月最多。夏季绝大部分海区均自大气得热。

气温 冬季，南北海面气温差异甚大，可达 14℃（20～6℃）。夏季，全海区气温分布较均匀，约 26～29℃。气温年变幅南小北大，分别为 10℃和 20℃。

降雨和雾 年降水量为 1000～2000 毫米。琉球群岛附近可达 2000 毫米以上。春、夏两季为雾期，以 6 月雾日最多。舟山群岛到长江口以及济州岛附近海域为多雾中心。

水　文

东海是中国近海水文分布变化最为复杂的海区。

水团　存在着三种水团：①沿岸水团，以长江冲淡水为主的、分布于近岸的低盐水。②黑潮水团，是高盐外海水系。进一步又可分为黑潮表层水、次表层水、中层水和黑潮底层水。③混合水团，是上述两种水团的混合体。其中包含黄东海混合水团、东海表层水团、东海黑潮变性水团和东海次表层水团。东海北、中部也受到黄海冷水的影响。

环流　渤海、黄海、东海流系大体上构成一气旋式环流，而东海环流是其中最重要的部分。主要海流近似地呈指向东北方的带状分布。东部有黑潮主干、对马暖流、黄海暖流，以及位于黑潮主干和琉球群岛之间、流向西南的黑潮逆流；西部有台湾暖流、东海沿岸流等。在对马暖流－黄海暖流西侧形成一气旋式小环流。

流经台湾东岸和东海的黑潮，是整个环流的主体。其主干大致沿着大陆坡流动。厚度约 800 ～ 1000 米，由表层、次表层、中层和深底层水 4 个水团组成。夏季，表层水最高温度可达 30℃，深底层水的最低温度约 4 ～ 6℃。最高盐度出现在次表层（150 ～ 200 米深处），约 35.0。最低盐度出现在中层（600 ～ 700 米深处），约 34.2 ～ 34.3。黑潮的主要流向指向东北，具有显著的地转流性质。200 米层上的 18℃ 等温线，可以作为东海黑潮表层流轴位置的良好指标。黑潮在进、出东海及其中部处，流轴上的最大流速均可达 150 厘米 / 秒以上，平均流速约 100 厘米 / 秒。平均流量（相对于 700 分巴面）可达 25×10^6 米 ^{3}/ 秒，约相当于长江年平均径流量的 1000 倍。黑潮左右两侧，常出现各种类型的涡旋。

黑潮的流轴比较稳定，除局部区域外，没有日本以南那样的"大弯曲"现象。但流速流量变化颇

大。年际变化中，有 7～9 年的周期。季节变化中以春季最强，夏、冬季次之，秋季最弱。黑潮流速流量的这种变化，与北太平洋副热带中心区域的海面风应力涡度场有关。

黑潮不仅控制了几乎整个东海及邻近海域的水文分布，也对东海沿海水域的渔场变动、海雾消长、污染物漂移、海底沉积和生物区系的分布、舰船航行以及沿岸地区的气候变迁等有比较密切的关系。

对马暖流，一般认为是黑潮主干在九州西南海域分离出来，向北流动的一个分支。近十几年研究表明，对马暖流是一个多元结构：除黑潮外，台湾暖流、长江冲淡水和东海北部混合水对它都有影响。平均流速约 25～30 厘米/秒，平均流量约（2～4）×10^6 米³/秒。它大部分通过朝鲜海峡（西水道）进入日本海，夏秋季强而冬春季弱。

台湾暖流，靠近浙江、福建近海向北流动的一支高温高盐的海流。流速为 20～30 厘米/秒左右。夏季，台湾暖流上层水主要来自台湾海峡和台湾东北海区黑潮表层水，下层则来自台湾东北黑潮次表层水。来自台湾海峡的海水呈羽状向东海南部扩展，占据陆架水区的上层。底层因偏南风和台湾暖流所诱导的底埃克曼向岸流的存在，使近底层黑潮水更趋岸，强化浙江沿岸上升流；冬季则主要来源于黑潮。

长江冲淡水，是夏季偏南风期间，东海沿岸水在长江口外与长江及钱塘江的入海径流相汇合后形成的。是一支较强的浮置于近表层的冲淡水，其低盐水舌轴在离岸不远处发生气旋式偏转而指向东北。冬季长江径流大减，在偏北风吹送下，冲淡水沿岸南流。

由于"狭管效应"，台湾海峡是东海西部的强流区，流速流向均较稳定，冬季流况较复杂。东海的上升流现象显著。除一些冷中心外，闽浙沿岸、陆架外缘黑潮左侧等区域，也常出现冷水的上升运动。

温度和盐度 表层水温的年变

幅，南小（7～8℃）北大（17～18℃）。冬季，西部浙闽沿岸是南下的东海沿岸流和北上的台湾暖流交汇处，西北部温度较低（常低于10℃），水平梯度大。东部黑潮流域为高温区，暖水舌轴处水温可达20～22℃。东北部对马暖流的暖水舌伸向西北，来自黄海的冷水舌则伸向东南。浅水区和深水的上层，水温垂直分布均匀；深水区的下层，则成层分布。夏季，沿岸水温急剧上升，除长江口时有低盐高温水舌伸向东北外，全海区海面温度接近均匀分布（在27～29℃之间）。20～30米层以下，温度水平梯度逐渐显著，层化亦较强。济州岛西南和台湾北方的冷水体（"冷涡"），东海西南部趋于封闭的高温、低盐水体（"暖涡"），其间有一条西南至东北走向的强温度梯度带。这些分布都反映了夏季环流结构和涡旋特征。

盐度分布主要决定于长江入海径流量的多寡和黑潮外海高盐水的盛衰。冬季，近岸处盐度最低可在31.0以下，黑潮水域高达34.7以上。垂直均匀层厚约100米。北部对马暖流 - 黄海暖流的高盐水舌与黄海低盐水舌之间，西部浙闽沿岸低盐水与台湾暖流高盐水之间，存在明显的锋面。夏季洪水期，河口附近最低盐度约5～10，冲淡水舌可延伸到济州岛附近。由于台湾暖流高盐水和黄海低盐水的前锋可分别自南、北方楔入到冲淡水之下，使长江口大沙滩及济州岛西南附近，盐度分布极为复杂。

东海沿岸均在低盐水系控制之下，故盐跃层占主导地位。长江口外附近，一年四季均有盐跃层存在，夏季浅而强度大。

水色和透明度　西部浅水区水色低，透明度小。东部黑潮区是渤、黄、东、南海等四海中水色最高（呈深蓝色）、透明度最大（约25～40米）的水域之一。

潮汐和潮流　潮波系统主要由太平洋上引起的谐振动组成。自太平洋进入东海的潮波，除小部分向西南进入台湾海峡外，绝大部分向

西北传播，形成了东海和黄渤海的潮汐振动。东海主要分潮是 M_2 半日潮波，它以台湾北端为中心作逆时针旋转。大部分海区具有前进波性质。进入浙江沿海和台湾海峡的潮波，因受海岸和来自南海半日潮波的影响，带有驻波性质。大部分海域的 K_1 全日潮具有驻波性质，但在台湾海峡中却呈前进波性质。东海潮差东侧小，西侧大。琉球群岛附近和九州沿岸一带，潮差大多为 2 米。有的海湾（如有明海）最大潮差可达 5 米以上。浙闽沿岸大部分海区潮差可达 4～5 米，其中杭州湾最大潮差可达 9 米，钱塘江涌潮为举世奇观。东海潮流远岸区较弱，近岸区增大。浙闽沿岸的最大可能流速一般约 1.5 米/秒。长江口、杭州湾和舟山群岛附近，为中国沿海潮流最强区域，最大流速可达 3.0～3.5 米/秒或以上。九州西岸岛屿罗列，潮流亦甚强，有些海峡中的流速也可达 3.0～3.5 米/秒。

海浪　风浪的波高一般为 0.8～1.9 米，全海区年平均波高几乎均在 1 米以上。寒潮及台风来临时，波高常在 2.0～6.0 米之间，有时可达 6.1～11.0 米。特别是强寒潮侵袭时，东海中心区域的最大波高可大于 11.0 米。风浪较大区域有济州岛附近、长江口外和嵊泗列岛附近、闽浙交界沿岸海区和台湾海峡等。涌浪较风浪为频，波高一般为 0.4～1.2 米，寒潮和台风侵袭时可出现 2.0～6.0 米之间的涌浪。在台风季节曾观测到 10 米以上的波高。

生物区系

鱼类　东海鱼类约 600 多种。带鱼、大黄鱼、小黄鱼是最主要的经济鱼类。马面鲀、鲐鱼、蓝圆鲹等也多。长江口以南的无针乌贼（俗称墨鱼，属头足类）产量也很高。西部鱼类区系属印度–西太平洋热带区的中–日亚区，暖水性种约占半数以上。著名的舟山渔场、鱼山渔场、温台渔场和闽东渔场都在这里；东部鱼类区系属印度–西太平洋热带区的印－马亚区，多为礁栖种类，还有一些大型中上层鱼类，暖温性种很少。

浮游生物　浙闽沿岸海域，浮游生物区系属北太平洋温带区的东亚亚区，以暖温带种为主，受台湾暖流影响的区域还出现亚热带和热带种。主要种类有强状箭虫和刺冠双凸藻等。浮游生物的分布与沿岸水的扩展范围吻合。夏季，长江冲淡水指向济州岛方向，近岸种（如中华假磷虾、海龙箭虫等）也随之向东北浮游。冬季沿岸水南流时，浙闽沿岸增加了来自黄海中部的温带种（如太平洋磷虾、中华蜇水蚤等）。东海外海、台湾浅滩东南和台湾海峡北部水域浮游生物区系属印度－西太平洋热带的印－马亚区，均以热带种占优势（冬季除外）。主要种类在东部深水区有肥胖箭虫、短刺角毛藻等。

东海浮游有孔虫主要分布在黑潮及其分支所流经的高温高盐水域。敏纳圆辐虫可作为这流系的指标种。浮游生物的分布也受上升流

的影响。例如，东海陆架外缘附近处曾采集到黑潮深层水中所特有的蜇水蚤类，这是黑潮深层水入侵到陆架外缘底层的一个证据。

盛夏时，在黑潮、长江口以东和舟山群岛等水域的表层中，蓝藻类的细束毛藻、红束毛藻等有时会大量繁殖，以致形成赤潮。对渔业有重要影响。

底栖动物　以暖水种占压倒优势。西部区系属印度－西太平洋热带区的中－日亚区，沿岸浅水区大部分种类是常见的广温低盐性的暖水种。在江浙近岸形成了毛蚶－织纹螺丰富群落。舟山群岛以南沿岸，热带和亚热带性成分增多；在水深大于 50 ~ 60 米的外陆架区，狭温狭盐性的热带种显著增加。优势种是骑士章海星、尖刺劈蛤、单列羽螅等；东部区系属印度－西太平洋热带区的印－马亚区。黑潮区域，热带性成分增大。琉球群岛附近，造礁珊瑚发达。冲绳海槽底部有明显深海动物的特征；长江口至济州岛－对马岛附近水域是北太平

洋温带区系和印度－西太平洋热带区系的交汇处。软体动物的双壳类和甲壳动物的虾类占重要地位。产量较大的有牡蛎、贻贝、蚶、蛤和缢蛏等。此外，三疣梭子蟹和锯缘青蟹产量也较大。

底栖植物　以藻类为主，西部区系属印度－西太平洋区的中－日亚区，闽江口以北以暖温带种为主，优势种有花石莼、昆布等。闽江口以南以亚热带种为主；东部区系属印度－西太平洋热带区的印－马亚区，琉球群岛以及台湾南部附近海区，以热带种为主；九州西岸海区以亚热带种为主。沿海的底栖植物资源丰富：浙闽沿岸产量较大的有浒苔、海带、昆布、裙带菜、紫菜、石花菜和海萝等。闽江口以南，海产种子植物特别是红树林亦较丰富。

能源　东海拗陷带（包括南、中、北部三凹陷）含油气远景甚佳。南起台湾海峡，北到对马海峡，含油气远景区总面积可达 25 万平方千米。冲绳海槽张裂带也可能具有一定的含油气远景。此外，沿海一带蕴藏着具有良好开发前景的动力资源，如潮汐能、潮流能等。

南 海

中国近海中面积最大，水最深的海区。位于西太平洋的西端。临近中国大陆东南方，纵跨热带与副热带、热带海洋性气候显著的海域。北靠中国华南大陆，东邻菲律宾群岛，南界加里曼丹岛和苏门答腊岛，西接马来半岛和中南半岛。东北部经台湾海峡与东海相通，东北经巴士海峡与太平洋相连，东南部经民都洛海峡、巴拉巴克海峡与苏禄海相通。南部经卡里马塔海峡、加斯帕海峡与爪哇海相邻，西南经马六甲海峡与印度洋相接。面积约 350 万平方千米，平均深度约 1212 米，最大深度为 5377 米。北部湾和泰国湾为南海西部的大型海湾。注入南海的主要河流有珠江、韩江以及红河、湄公河和湄南河等。

地质地形

南海是西太平洋的边缘海之一。自岸向海盆中心呈阶梯状下降。

大陆架 北部宽度在200千米左右，最宽处可达300千米，大陆架上主要是珠江等河流带来的陆源沉积物，以泥质为主，外陆架主要为沙质沉积物。南部大陆架包括马来西亚、印度尼西亚诸岛和中南半岛之间的区域，为巽他陆架的一部分。大陆架上底质主要为近代粉沙和黏土，属堆积型；东部和西部狭陡，属堆积-侵蚀型。坡折处深度为150米左右。

大陆坡 位于大陆架的外侧，水深在150～3500米之间。北部大陆坡由西北向东南逐级下降，在不同深度的台阶上分布着东沙群岛、西沙群岛和中沙群岛；南部大陆坡宽广，分布有南沙群岛和南沙海槽。吕宋岛陆架外侧，仁牙因湾

以北有深约3200米的北吕宋海槽等。大致与吕宋岛海岸平行的马尼拉海沟（16°41′～10°N），长约350千米，沟底宽约10千米，最深达5377米。

中央盆地 大致位于中沙和南沙群岛的大陆坡之间，长约1600千米，宽约530千米。北部平均深度约3400米，南部平均深约4200米。深海平原上矗立着一些孤立的水下海山，一般高出海底500～900米。个别如宪法暗沙，高达3000米以上，黄岩岛高出海底约4000米。中央盆地底质主要为颗粒极细的棕色抱球虫软泥，含有火山灰。

构造 南海位于东北向的环太平洋构造系与西北向的古地中海构造系的交接处。分界线为红河-莺歌海深大断裂。断裂的东北侧构造线为东北向，西南侧为西北向。南海是在欧亚板块、太平洋板块和印度洋-澳大利亚板块等三大板块交会的地方。中央盆地的莫霍面深度一般为10千米左右，属大洋型地

壳。陆架区以及西沙、中沙群岛等地区，莫霍面深度为 24～30 千米，属大陆型地壳。

气候 为典型的季风气候区。冬季盛行东北季风，夏季盛行西南季风。影响南海的北方冷空气大体有三条路径：第一条路径越过南岭进入南海，这对珠江口以东的海面影响最大；第二条路径沿青藏高原东侧南下，入侵北部湾和琼州海峡；第三条路径从黄、东海通过台湾海峡或巴士海峡进入南海。影响南海的灾害性天气系统主要是台风。约有 49.5% 来自菲律宾以东洋面，约有 50.5% 是在南海生成。每年活动在南海海面上空的台风平均 10 个左右。南海生成的台风大多数是向北和西之间移动。南海是台风暴潮的多发区。

南海纬度偏低，终年高温。1 月平均气温 15～26℃，7 月 28℃ 左右。年降水量一般 1000～2000 毫米。北部有干季和雨季之分，11 月至翌年 3 月为干季，蒸发量超过降水量；5—10 月为雨季，降水量超过蒸发量。海区南端无真正的干季，一年各月的降水量均超过蒸发量。10 月至翌年 1 月为明显的雨季。海雾主要出现在北部湾和北部沿岸区域，时间在 12 月至翌年 4 月间，以 3 月最盛。

水 文

海流 南海季风漂流发达。西南季风期间，来自爪哇海和南海南部的海水，经越南外海向东北流动，至台湾岛南部以南，一部分流入黑潮，一部分经台湾海峡流入东海。在越南沿岸，漂流强化，流速超过 50 厘米 / 秒以上，流量约为 3×10^6 米^3/ 秒，成为夏季南海的强流区。在广东沿岸，珠江口冲淡水随西南季风向东北流动。在吕宋岛西岸，有一支弱的北上流。此外，由于季风漂流不断将南海南部的海水向北输送，造成南部失水，海平面下降，北部增水，海平面升高。从而导致越南东南部一个反气旋涡生成：越南沿岸向东北流去海水，为了补充南部的失水，约在北纬 11° ～ 13° 处顺时针方向转向西南倒流。

东北季风期间，受海面风力驱动，一部分黑潮水从巴士海峡进入南海；同时，部分东海沿岸水自台湾海峡进入南海，在南海西部形成一支纵贯南北的西南向漂流，该漂流亦在越南沿岸强化，流速可达 100 厘米／秒以上，最大流量约为 5×10^6 米³／秒，成为冬季南海的强流区之一。在南海东部有一支来自苏禄海的西北向海流，至海区中部变成西流，加入越南沿岸的主流。在加里曼丹东北部，有一支西北向流。与越南沿岸季风流汇合构成气旋式环流。所以，夏季南海表层主要为顺时针的水平环流，而冬季主要为逆时针的水平环流。两个环流的西半环为季风漂流，东半环则为补偿流。

在粤东汕头外海和台湾浅滩西南海域，即使在冬季强劲东北风作用下，除了表层漂流流向西南外，表层以深存在着稳定而较强的东北向逆风海流，又称南海暖流。

冬季黑潮的分支，经巴士海峡向西，沿北部陆坡向西南运动。夏季则大大减弱。

上升流分布很广，一年四季均有出现。尤其是在夏季西南季风期，越南东部的陆架边缘，海南岛东海岸，粤西、粤东沿岸等，都是上升流现象显著的海区。

水团 可分为沿岸冲淡水团、近岸混合水团、表层水团、次表层水团、南海次－中层混合水团、南海中层水团和南海深层水团。沿岸冲淡水团主要由入海径流和海水混合而成；近岸混合水团是沿岸冲淡水团和外海水混合而成；表层水团包括南海表层水和黑潮表层水两种，广泛分布于南海表层，包括上均匀层和部分跃层；次表层水团包括南海次表层水和黑潮次表层水两种，广泛分布于南海 100 ～ 200 米水层。黑潮次表层水则局限于巴士海峡西缘；南海次－中层混合水团是次表层水团与中层水之间混合水；南海中层水团几乎盘踞南海整个海盆区域，其核心位于 17° N 以

北；南海深层水团分布在 1000 米以下南海海盆区域。

温度和盐度 除了北部沿岸以外，表层水温终年很高，年平均表层水温粤东近海约 22.6℃，邦加岛近海达 28.6℃，南北相差较大。冬季，由于受来自台湾海峡的沿岸冷水入侵的影响，北部粤东海区最低月平均表层水温下降到 15℃ 左右，水平梯度亦较大。其余大部海区表层水温仍高达 24 ～ 26.5℃，南部大陆架区可高达 27℃ 以上。陆架浅水区对流混合可及海底，水温垂直分布一致。但在深水区，温跃层仍较强，上均匀层厚度 80 ～ 100 米。夏季，海区北部约为 28℃，南部约为 30℃。只在海南岛东部，粤东以及越南沿岸，存在着几个范围不大的低温区，这是上升流的影响所致。

近岸区受入海径流影响，盐度较低，季节变化较大，变幅 2 ～ 3。外海深水区的盐度分布为季风环流所左右，盐度较高，水平梯度较小，年变幅小于 1。冬季，来自太平洋的高盐水舌，从巴士海峡进入，沿着北部陆坡伸向海区西南部。同时，在南海中部低盐水舌则向东北扩展，与上述高盐水舌构成气旋式运动。夏季西南季风时，南海南部的低盐水舌沿着越南东岸、海南岛东部向东北扩展，而在加里曼丹北岸，则有高盐水舌向西南部移动。

此外，由于上升流的作用，在越南沿岸，粤东及海南岛东岸，下层高盐水升达海面附近，形成若干局部性的表层高盐区。

南海的跃层，近岸区受冲淡水影响，盐跃层占优势，深水区由于性质不同的水团互相叠置则以温跃层为主。

潮汐和潮流 南海的潮汐主要是由太平洋经巴士海峡传来的谐振潮。大部分海区，潮型以不规则全日潮为主。北部湾、吕宋岛西岸中部、加里曼丹的米里沿岸、卡里马塔海峡和泰国湾附近海区为规则全日潮。巴士海峡、广东沿岸、越南中部沿岸及南部沿岸、马来半岛南端、加里曼丹西北沿岸，间或出现不规则半日潮区。北部湾湾口附近，存在着一个全日分潮（K_1）的旋转潮波系统。

南海潮差较小。粤西沿岸、北部湾、印支半岛和加里曼丹沿岸潮差较大，达4米以上。粤东近岸次之，约为3米。南海中部、吕宋岛西岸、越南中部沿岸最小，仅2米左右。潮流较弱，速度小于50厘米/秒。只有北部湾和粤西沿岸潮流稍强，流速在100厘米/秒左右。琼州海峡中最大潮流流速可达250厘米/秒。

海浪 冬季盛行偏北浪，夏季盛行偏南浪。风浪较大，年平均波高大部分海区为1.5米左右，北部湾和泰国湾为0.5～1.5米。冬季以东北部和中部最大，平均约为2米。由此向南和东西两岸波浪减小。夏季大浪取决于西南季风和台风活动，有时会出现10米以上的波高。南海海浪平均周期为6～7秒，最长周期可达15秒或以上。

生物及矿产

生物 南海北部的鱼类约有750种，以暖水性为主，暖温带种较少，无寒温带种。鱼类区系为亚热带性质，属于印度-西太平洋热带区的中-日亚区。南部的鱼类有1000余种。皆为暖水性。这些种主要分布在南海中部诸岛之间的热带区，向北到西沙群岛，为热带区系，属于印度-西太平洋热带区的印-马亚区。主要经济鱼类有蛇鲻、鲱鲤、红笛鲷、短尾大眼鲷、金线鱼、蓝圆鲹和钝头双鳍鲳等。此外，还有世界市场闻名的"中国鱿鱼"。

南海海蛇种类约有10种，数量亦不少。每年4—5月间在万山群岛水域，9—10月间在北部湾猎集，具有开发捕捞价值。南海是海龟活动的海区，海龟每年4—12月来南海诸岛产卵，尤以4—7月为繁殖盛季。习见种有海龟、玳瑁、嵩龟和棱皮龟等。海兽有豚类、鲸类。北部河口区常见有白海豚、海豚和儒艮等。中部海区常见到成群

的海豚。

浮游生物种类繁多。上层水中生活的浮游生物具有热带大洋特性。北部沿岸浅水区，冬季受东北季风的影响，有暖温带种入侵。区系属印度－西太平洋热带区的印－马亚区。海盆深层水中生活的浮游生物种类稀少，生物量也很低。沿岸水域主要浮游生物资源有日本毛虾、红毛虾、锯齿毛虾、海蜇和黄斑海蜇等。

底栖动物种类丰富，但优势种的数量不大。北部沿岸浅水区基本上都是热带和亚热带浅海种，区系属印度－西太平洋热带区中－日亚区。南部，包括西沙、南沙群岛，底栖动物基本上都是典型的热带种，造礁珊瑚极其发达，区系属印度－西太平洋热带区印－马亚区。南海盆1000米以下的深水区底栖动物具有深海的特征，主要有：软体动物的珠母贝、近江牡蛎、翡翠贻贝、日月贝和杂色鲍等，甲壳动物的墨吉对虾、长毛对虾、中国龙虾、密毛龙虾、远游梭子蟹和锯缘

青蟹等，以及棘皮动物的梅花参、刺缘参、黑海参等。

南海沿岸分布众多的红树林，种类达20余种，大都出现在河口附近泥滩上。对沿海鱼类繁殖、岸滩保护具有重要作用。

底栖植物可分为南、北两区。北区为广东沿岸，由于受大陆气候影响，出现以亚热带种为主的代表种，区系属印度－西太平洋区的中－日亚区。南区为南海诸岛，主要为热带种类，区系属印度－西太平洋区的印－马亚区。南海沿岸底栖植物资源丰富，经济海藻主要有羊栖菜、紫菜、江蓠、鹧鸪菜、麒麟菜和海萝等。

矿产　北部湾、莺歌海及珠江口等盆地内蕴藏着丰富的石油和天然气资源，南沙群岛海域的海底油气储量超过200亿吨，占整个南海油气资源的一半以上，有"第二个海湾"之称。